長期不況論

信頼の崩壊から再生へ

松原隆一郎 *Ryuichiro Matsubara*

NHK BOOKS
[963]

日本放送出版協会

Printed in Japan
［章扉写真］伊奈英次
［章扉デザイン］宮口　瑚
［協力］青藍社
［製図］アートポイント

長期不況論——信頼の崩壊から再生へ【目次】

はじめに――迷走する経済論壇　9

第一章　構造改革の罠……………………17

1　一九九〇年代の経済政策の軌跡　18

景気対策か財政再建か／BIS規制による悪循環／金融破綻はどう処理されたか／不良債権とデフレ――金融政策をめぐる二つの議論

2　何をめざしているのか――構造改革の11の主張　30

「構造改革」文書／不況にかんする解釈――「循環的」ではなく「構造的」／「潜在成長率」という考え方／改革が主張される理由／自力では環境に適応できない日本経済／何を改革するのか／構造改革論の全体像／創造よりも破壊というビジョン／経済を停滞させた犯人／不良債権という主犯／生産要素の流動化――不良債権処理の意味／市場ではなく政府任せの改革／日本型経済システム解体①――終身雇用制／日本型経済システム解体②――都市再生論／間接金融への依存／日本型経済システム解体③――直接金融化／ずさんな需要創出論／セーフティ・ネットへの誤解／エコノミストの最後の切り札――デフレ論

第二章　日本の経済社会に何が起きているのか……75
――長期不況論

1　消費不況という奇妙な現象　76
軽視される消費不況／なぜ、個人消費は注目されないのか／消費は景気と反比例する――ラチェット効果／ラチェット効果が消えた／消費不況ゆえの長期停滞

2　長期不況の原因と帰結――制度崩壊が引き起こす不安　88
なぜ貯蓄が増えるのか／恒常所得仮説の盲点／日本型経済システムのメリット／一九九七年に何が起きたのか／技術革新も景気回復効果なし／苛酷な椅子取りゲーム／急増するフリーター／地に落ちた金融システムへの信頼／不良債権をめぐる「いたちごっこ」／貨幣は増えても需要は増えない／インフレ目標論の根本的矛盾点

3　構造改革論はなぜ制度の解体にこだわるのか　116
合理的経済人《ホモ・エコノミカス》という仮定／構造改革論の五つの想定

4　構造改革と消費不況のスパイラル　123
合理性の限界／制度崩壊ゆえの不安／投資は金利によって決まるのか／リスク負担は分散できるか／経験則を無視するビッグバン・アプローチ／市場は設計できるのか

第三章　市場社会が直面する新たな現実……139
――信頼の崩壊から再生へ

1　生産要素と市場化の限界　140
「市場」対「規制」という二分法は正しいか／ブレトン・ウッズ体制への移行／資産市場の規制から自由化へ／市場化に馴染まないもの／フィクションとしての商品化／労働・土地・貨幣――市場化不可能な領域

2　グローバル資本主義の不安定性　154
ハイエクの設計主義批判／冷戦終了後に到来した世界／相互作用性とグローバル資本主義の病理／美人投票論と慣行／暴走する相互作用性／規制の再編を

3　都市再生政策の病理　169
日常景観ができあがるまで／戦後日本の経済政策――公共事業から民間投資へ／法規制と自治体による景観保全政策／見当違いの「都市再生」／景観の喪失がもたらすもの／景観利益――国立マンション訴訟判決の画期性

4　雇用環境――変えるべきもの、変えてはいけないもの　184
日本型経営に対する批判――「非競争的環境」と「会社人間化」／二つの企業家像／日

本型経営の長所――集団のコミュニケーション／企業内人材育成は不可欠／日本企業の暗部

5 変貌する消費者 198

ダイエー的発想の終焉／第一の変貌――売り手市場から買い手市場へ／買い手と市場の相互作用／第二の変貌――マスメディアから個別性メディアへ／三種の二極化現象／ストック消費時代の到来／ユニクロの隆盛と失速／ユニクロの二つの戦略／「ひとり勝ち」はなぜ起きるのか／模倣と計算の速度がものを言う／個別性メディアがメガヒットを生み出す／確信と信頼／官僚・専門家の無責任体質

終章 経済社会のゆくえ……………………229

カリスマ消費者による新たな生産形態／「個」対「個」の消費関係の登場／対人サービスの時代が始まった／復活した情念論／異質なルールへの共感が必要だ／自然治癒力への期待

注・参考文献 243　あとがき 251

はじめに――迷走する経済論壇

近年の経済論壇は、現実経済の不振に匹敵するほど混乱の度合いを深めている。

政策としてなすべきことは明確だが、それを実行できない政治が景気回復の足を引っぱっているという見方がある。小泉内閣の実行力のなさを批判する説である。だがこの見方にはうなずけない。「金融再生プログラム」を短期間でまとめ上げるなど、かつてならば信じられぬほどの速度で現実に深い影響を及ぼす施策が練られている。だからこそ、二〇〇二年一〇月に発表されると、とたんに主要な銀行の頭取がまとまって反対声明を出すほどの大騒ぎになったのだ。

ただし、実行されたり議論されている政策の内容には賛成できない。そうした政策を導き出す理論の道具箱が見当違いのものであるため、その箱のなかから適切な政策を探そうにもアイディアが出尽くしている。のみならず、手詰まりになったのは現実の方だという言い分で、ここ一〇年にわたり政府の経済政策は、理論に合わせて現実を切り刻んできた。

次のようなことが行われてきた。不況とは需要不足のことだから、総需要が増加すれば景気は回復する。すなわち個人消費・公共および民間の投資・政府支出・純輸出のうち、いずれかの項目を増やさねばならない。そこで九〇年代には財政赤字にもとづく公共投資を累計一〇〇兆円以上行った。それにもかかわらず、芳《かんば》しい経済浮揚効果は得られなかった。ならば金融政策で民間投資を刺激しようということになり、金利を引き下げた。下げ幅は極限に達し金利はついにゼロになったが、やはり成果は得られなかった。そこで投資は貨幣供給の絶対量に左右されているのだろうと考えを変え、日銀は、金利コントロールという永年の方針を捨て量的緩和を実施しているが、これもさしたる効き目が表れていない。

同じ道具箱のなかで、民間投資の復調を妨げる犯人探しの議論は続く。現在では不良債権の存在が邪魔しているとか、デフレゆえに消費や投資に対する意欲が湧かないのだとかいった説が現れたが、いずれも説得力に欠けている。というのも経済全体の供給に対して需要が不足している限り、売れ残り分は新規の不良債権の発生因となるのだから、不良債権の「抜本」処理は困難である。不良債権は処理できればそれに越したことはないものの、その策に固執することは、需要不足という根本的な問題への取り組みから目をそらせ、やりすぎれば逆に景気を沈滞させて不良債権が増えさえする。デフレ政策にかんしても見当違いという点では変わらない。消費意欲調査にはデフレだから買い控えているなどという回答は存在せず、むしろ将来不安から消費できないという声のみ聞こえてくる。消費が低迷しているなら、投資が減るのも当然だ。デフレは存在しても、「デフレ・スパイラル」は理論上の幻影でしかない。幻を追って通貨供給量を増やしても、日銀のバランスシートが痛むだけで何の効果もなかろう。

論壇で際限のない犯人探しが行われている間にも、現実経済の不調は深刻の度を深めている。むしろ犯人探しが進むほど、不況は泥沼に陥ったと言っていい。一九九七年には中高年の自殺率が急に跳《は》ね上がり、東京の中央線は飛び込み自殺で毎日のようにダイヤが乱れた。高校・大学の新卒者が正社員として就職できる率は、低下の一途をたどっている。いまや大学への進学は、高卒生が就職するよりも容易だからという理由で選ぶ進路でしかない。一部では大学生の学力低下を嘆く声が高まっているが、大学進学率が伸びれば学力が低下するのは当たり前だ。

一部の企業はリストラで苦境を脱したかもしれないが、リストラされた失業者の存在は個人消費を落ち込ませ、全体としてはさらに需要を後退させている。リストラを支持する構造改革が、不況を深刻化させているのである。株価低迷が止まらず、地価も下がれば、銀行は自己資本比率規制を守ろうと貸し渋りを進めて、中小企業の倒産が深刻化する。まさに悪循環である。

だが、問題はそこには止まらない。日本経済は改革すべき多くの課題に直面していたはずなのである。一九八〇年代から、収益にばかり目をやり会社組織の人間関係にのみ閉じ込もって働くことの意味が問われていた。会社人間は、社畜すなわち会社の家畜とまで呼ばれていたのだ。

＊

また日本の景観の醜さは世界でも際立っている。新しく清潔であること以外に何の価値もないという世界史上稀《まれ》な光景が、我々の眼前に展開している。外国人の多くが“ugly”と驚くこの都市を再生すると称する政策の大半が、土地の流動化と再開発に費やされ、都市景観の破壊にダメを押しつつある。さらに金融自由化を機に、株価は企業の基礎条件にかんする確実な情報にもとづいているとは思えないほど、不気味な乱高下をくりかえしている。こうした問題は、市場活用だけで解決するとはとても思われない。

*

かくして景気対策は手詰まりの様相を呈している。そこで最後の施策として、不良債権処理を柱に日本の経済システムそのものを変えようとする構造改革が登場した。だがそれには、大きな問題が含まれている。というのも、構造改革が実行されることじたいが日本経済を長期不況に陥れたという疑いがあるからだ。どういうことか。

構造改革論は、長期的には市場任せにすれば景気が回復するという、根拠の示されたことのない信念にもとづいていく策である。だが、この一〇年にわたる長期の不況が現実である以上、そうした信念は誤りとして棄却されるべきだ。ところがそれはアメリカで定説とされている経済学の教科書にもとづく策であるため、大半のエコノミストがそこから離れることができないでいる。現実を説明できない教科書であれ、それを学んだことが既得権益と化しているのである。

現実の市場が長期にわたって低迷している以上、市場そのものに長期不況を脱する力が備わっていないことを認めねばならないはずだが、逆に規制や慣行といった制度、すなわち「構造」が市場の回復力を妨げていると見立て、その解体を促進しようとするのである。ここに構造改革論の致命的な誤りがある。

グローバリズムを基本線としては容認しつつも、その導入には細心の注意が必要だと主張する、元世界銀行副総裁のJ・スティグリッツ（Stiglitz, Joseph E.）は、教科書はたんなる指針にすぎないとして、自分の足で現実を見て歩くことの必要性を唱えている。彼がIMF（国際通貨基金）を批判するのは、その職員が五つ星ホテルで当該国の官僚から経済データをもらうのを途上国の調査と称し、街に出て労働者に話しかけたり、市場で商人が働く様子に目を凝らそうとはしないからだ。構造改革論も同様で、机の上の推論とパソコンで集計されたデータから「潜在成長率」なるものを計算し、現実の成長率がそれに達していないということを根拠に制度の解体に着手している。

こうして改革と称されるエコノミストたちのイデオロギーが現実をさらに泥沼に引き込み、危機的状況を招いては改革が足りないせいだと繰り返している。構造改革と不況のスパイラルこそが、定着しつつあるのだ。この一〇年の長期不況は、特定の理論的立場から離れられない経済論壇がもたらしたのである。構造改革が進行すれば、混迷はさらに深まるだろう。別のやり方での改革が必要だ。

経済論壇のこうした混迷は、経済を経済のなかでしか見ず、限られた枠のなかで犯人探しをしていることに由来している。そして犯人を探す作業そのものが、現実を混乱させている。けれども犯人が見当たらない以上、経済の枠の外に問題があると考えるべきだろう。本書が注目するのは、

「消費」と「制度」である。

これまで消費は、経済の構成要素でありながら経済外のものとして扱われてきた。家計所得の約八割は消費に使われ、貯蓄には二割しか回らないのに、経済理論は貯蓄ばかり論じてきた。同様に個人消費は総需要の六割を占めるのに、需要拡張というと投資ばかりが注目されている。

国民は消費しない理由は将来不安だと言っている。そうである以上、不安を取り除くような制度を作り出すしかない。これまで終身雇用制や護送船団方式が不安を抑えてきたのだとするならば、それを破壊するだけでなく、改革の仕方に時間的連続性を持たせるべきであり、また代わりに雇用を安定させる新たな枠を構築しなければならない。道路公団は不要でも、食品の安全性を高める公共部門は必要だろう。

また制度は、経済を他の領域とつなぐ蝶番《ちょうつがい》の役目を果たしている。経済法が市場競争のルールをさだめ終身雇用制が馘首《かくしゅ》を禁止するというように、ある一定の機能を持つ。だが、それだけではない。制度は、同時に経済法の違反事項が生じないとか生涯所得の見通しが立つとかいった具合に、将来時点で生起することに一定の枠をはめ、不安を抑える働きも有している。したがって、経済論壇(および政治)は、制度のうち何が不要で何が必要なのかを見極め、また制度を新陳代謝させるにあたってそれが人々に信頼されるよう、継続性を確保しなければならない。エコノミストの浅知恵で制度の断絶を印象づけてしまうような「改革」をするくらいなら、何もしない方がましだ。自由主義の経済思想家F・A・ハイエク(Hayek, Friedrich August von)ならば、そう主張したに違いない。制度や消費など経済の外部にある社会領域と経済の関係をふまえた経済学を社会経済学と呼ぶならば、いままさに社会経済学的な思考が求められているのである。制度と市場の関係の見直しが本書の主題なのである。本書では、制度の強引な解体は経済を不安定化させると考える。本書で言う「長期不況」は、一九九〇年代に土地神話という制度が崩壊してから以降の日本経済の不調を指している。また「消費不況」は、一九九七年に終身雇用制度が解体されリストラが常態化してからのち、将来不安を理由に消費が減退した現象を言っている。

二〇世紀の前半、自由主義の進展のなかで諸制度が解体され、生身の人間による労働やその生活環境である土地、そして人々の信頼によって成立する貨幣が市場化されたものの、国際金本位制が崩壊すると世界経済は大恐慌に突入した。その光景を目の当たりにした経済人類学者K・ポラニー(Polanyi, Karl) は、とりわけ土地・労働・貨幣という生産要素について、単純な市場化が困難であることに注目し、『大転換』を著した。ポラニーが期待をかけたのは社会主義だったが、その道も潰《つい》えたいま、健全な改革手続きを伴う制度を社会に埋め戻すための再度の「大転換」が求められている。

＊

本書の構成について述べる。

第一章では、九〇年代以降の日本経済の軌跡と、構造改革論が何を唱えているのかを整理してみる。それにより、エコノミストたちがバラバラに主張してきたこととの全体像とその矛盾点を示してみよう。第二章では、日本経済にかんし、これまで注目されてこなかった「消費不況」を明るみに出す。構造改革論が唱えた日本型経済制度の破壊がこの不況をもたらしたのである。制度破壊と信頼の崩壊、将来不安がここのキーワードになる。第三章では、収益率の格差や潜在成長率の低下などという机上の数字ではなく、より現実に日本経済で課題とされていたことが何であったのかを確認し、ありうべき対策について考察する。終章は、こうした絶望的な現状においてもなお希望を託したい社会の動きに注目してみる。

第一章

構造改革の罠

1984年 丸の内

1　一九九〇年代の経済政策の軌跡

景気対策か財政再建か

一九九二年二月の月例経済報告でバブルの崩壊が政府によって宣言されてから（景気後退は前年に始まったと認定される）の一〇年間、日本経済は新たな景気回復の経路に入ったという鮮明な兆《きざ》しを見せることができないでいる。そこで昨今では構造改革が実施されるに至ったが、それはこの一〇年間の経験をふまえてのことであった。そこで一般に語られる経済情勢と経済政策の軌跡をたどっておこう。

バブル崩壊後、土地と株式を中心に資産価格が下落していった。これを受けた政府は経済政策として、まずは財政赤字にもとづく公共投資というケインジアン流の景気対策を採用する。毎年のように補正予算が組まれ、森政権までの間に累計で一三〇兆円にも上るものとなった。なかでも財政赤字にもとづく公共投資は九一年から九九年までの九年間で六四兆円となり、それによって景気回復に火がつき、さらに民間投資が誘発されることが期待された。

この間、景気は九三年に底を打ってから九七年三月に山を迎えるまでは緩《ゆる》やかに回復を続けた。けれどもそれは財政赤字を自動的に消滅させるほどのものではなく、九六年の実質成長率が三・五

％を記録しバブル崩壊にともなう過剰な資本ストックの調整が終了したと『経済白書』が記すと、同年には財政当局が財政赤字の深刻さを訴えるキャンペーンを張り始める。そうした世論誘導の結果、増税政策が決定された。橋本内閣は財政構造改革に路線を急転換し、九七年四月には消費税率の二％引き上げ、特別減税打ち切りと医療保険制度の改革に社会保障負担の増額という「九兆円の負担増」が実施されることになったのである。

とくに消費税率引き上げについては影響はせいぜい夏場までとの楽観的な観測が経済論壇の大勢を占めたが、実際には消費は大幅に減退、株価も急落した。五月にはアジア通貨危機が勃発したこともあり、日本でも一一月には短期金融市場で資金デフォルト（債務不履行）が生じて三洋証券と拓銀が破綻《はたん》、山一証券の自主廃業と相次いで、金融不安を引き起こした。また金融機関による貸し渋りが広まり、中小企業が資金難から次々に倒産していった。リストラや倒産で中高年の自殺者が急増したのも九七年である。その結果、日本経済は過去に例のない厳しい景気後退に直面し、成長率は九七年度マイナス〇・一％、九八年度はマイナス一・九％と、第一次石油ショック後の七四年度のマイナス〇・五％成長を大幅に上回る戦後最悪の収縮を記録した。なかでも民間設備投資の不振は著しく、九八年第1四半期から前年比で減少に陥り九九年第3四半期まで7四半期連続して前年比マイナスとなり、いったん二〇〇〇年いっぱいまでは持ちかえしたものの、二〇〇一年には再び急速に冷え込んでいる（図1-1）。

景気後退を受け、それまでは世論の強い支持を得ていたはずの緊縮財政には一転して強い反発が

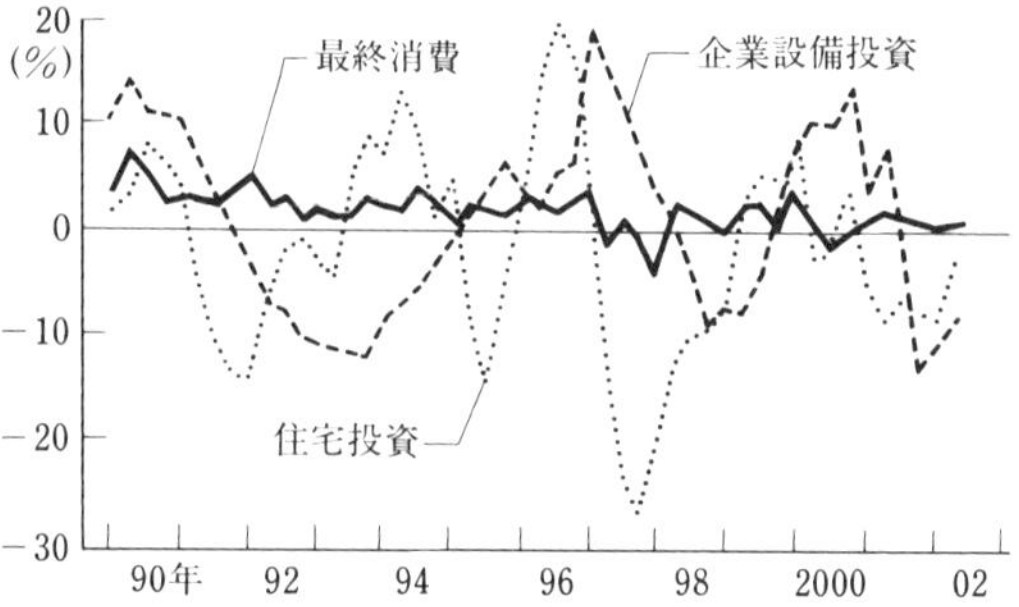

図1-1　民間の投資と消費(実質、前年比)
(出所：内閣府)

巻き起こる。その結果、財政構造改革法が成立した同年末には、皮肉にも財政再建とは正反対の方向をめざす所得税減税が決定され、財政支出も拡大された。それにもかかわらず翌年も消費はいっそう減少し、橋本内閣は九八年夏の参院選の大敗を受けて総辞職するのである。そこでこれに続く小渕政権では正反対の景気対策優先策が取られ、二〇〇〇年に九六年並みの株価二万円台に復帰するまで景気が回復した。このように、景気の低迷と財政赤字に揺れた九〇年代後半には、「景気対策か財政再建か」という政策上の対立が顕在化していった。

だが小渕総理の急死を受けた森政権では、株価と支持率がともに急降下した。結果から見ると公共投資による景気対策は、株価にこそ敏感に反映されたものの、それ以上の景気の長期的回復はもたらさなかった(注1)。そこで財政政策は景気刺激には効果が薄いということが経済論壇では共通認識となり、マクロ経済政策としては金融政策に期待がかけられるようになっていった。その一方、とくに九〇年代には金融機関の破綻が相次ぎ、金融システム不安が繰り返された。金融にかんしては、制度面と政策面で大きな変化が生じていたからである。順番に見ていこう。

ＢＩＳ規制による悪循環

制度面においては、国際的に自由化が進み、日本でも八五年に大口定期預金の金利が自由化されたのを皮切りに、九〇年代には業態による参入制限が緩和された。こうした流れのなかでバブル崩壊の余波から金融機関の破綻とシステムの機能障害が起き、大幅な改革が施行された。ここには、二つの問題がかかわっている。

第一は、現在活動している個々の金融機関そのものに対する信頼の問題である。この問題にはＢＩＳ規制の施行が関連している。ＢＩＳ規制とは、国際的に活動する民間銀行が達成しなければならない自己資本比率にかんする国際的な統一基準で、各国の金融当局が構成する国際決済銀行（ＢＩＳ）のバーゼル銀行監督委員会が、一九八八年に策定したものである。この規制によって、国際的に業務を展開している金融機関は九二年一二月末（日本は九三年三月末）までに、自己資本比率を八％以上にすることが義務付けられた（国内行は四％）。欧米ではいち早く金融自由化が行われ、リスクテイクが当局の制限から解放されていた。それに応じ、銀行のリスク管理を当局および市場がチェックするための工夫として、ＢＩＳ規制が施行されたのである。

ＢＩＳ規制では、まず貸し出しその他の資産ごとに、国債は〇％、銀行相手の融資は二〇％、一般企業に対する融資は一〇〇％というように、リスクの度合いに応じて一定比率を掛けた「リスク資産」を算出する。それに対して各銀行は、自己資本の比率を八％以上に保たねばならない。それゆえ自己資本比率を上げようとすると、融資などの残高を減らすか、もしくは自己資本を充実しなければならない。ＢＩＳ規制は、経営体力を上回るようなリスク資産を抱えた銀行が、経営の健全性を損なうのを防ぐことを、建前上は目的としている。しかし、それだけではない。八〇年代に邦銀は、自己資本が薄いにもかかわらず小さな利ざやで貸し出しを増やす量的拡大を進め、資金量で世界の上位を独占するに至った。それをきっかけに、欧米諸国は競争条件を均等化させるため、邦銀に不利な条件をもちかけたのである。それが功を奏したと言うべきか、これ以降の邦銀は、自己資本比率規制を守ろうとすればするほど逆に危機に瀕するという悪循環に陥っていった。

その一因として、自己資本に含み益（保有する資産が取得原価よりも値上がりしたとき、売却したならば出ると期待される利益）を算入させるようにしたことがある。そこで経済のバブル化で株価が上昇しているうちは含み益が膨らんで自己資本は増えるが、株価が下落に転じると含み益が減り、自己資本比率が下がってしまう。しかも九八年には、「金融機能早期是正措置制度」が制定された。金融機関を自己資本比率の大きさにより三段階に選別して経営悪化前に警鐘を鳴らし、ときには銀行の経営の健全化を図るため、公的資金を注入して銀行の自己資本の増強を行いつつ、不良債権処理を進めさせるという制度である。金融機関はみずから資産内容を査定して（自己査定方式）、監督当局（金融監督庁）の検査を受けざるをえなくなったのである。

その結果、自己資本比率が基準を下回りそうな金融機関は、貸し出しを回収して総資産を減らすか、増資して自己資本を増やそうとする。九八〜九九年の金融危機時には、大手行でも自己資本比率八％のＢＩＳ規制基準維持が難しくなり、公的資金注入によって一息つくという有様となる。そこで貸し出しを縮小ないし回収し、狙《ねら》いうちにされた中小企業は倒産を余儀なくされていった。

金融システムに対する信頼を回復するため、そして金融自由化に備えるために自己資本比率規制を導入したはずが、皮肉にも金融危機が頻発するようになり、また公的資金の注入とともに金融機関は当局の統制を受けるようになったのである。つまり所期の目的と正反対の結果を招き寄せてしまったのだ。こうしたドタバタ劇が、九七年末以降の金融危機と不況の背後では進行していた。

改革推進派は、これは日本の金融機関の脆弱性《ぜいじゃくせい》が表面化したのであり、膿《うみ》を出しきるためにもなお一層の改革が必要だと主張する。つまり金融危機は早晩起きたのであり、一時的なものにすぎず、自由化および制度改革によって将来的には強靭《きょうじん》な金融システムが生み出されるという。だがこうした改革楽観論に懐疑的な人々は、ノルウェー・フィンランドなどの北欧諸国やアルゼンチン・チリ・タイ・韓国など新興工業国で、金融自由化の後に金融危機が生じたことに注目するよう促している。日本ではさらに銀行を中心とする株式の相互持ち合いも解消されつつあり、金融自由化が契機となって資産価格が急落するなら、自己資本比率規制のもとでは企業に対する貸し渋りが起きてしまう。それを当局が抑えて公的な資金注入と銀行管理を行うなら、自由化とともに統制化が強まるという矛盾が起きる。それゆえ以前のような金融市場への規制も含め、金融危機を発生させないためには別の制度が必要だということになる。

二つの立場の差は、投機が横行する資産市場においても株価や地価は実体経済を反映するのか否かについての判断の相違に由来している。この点については第三章で述べることにしよう。

金融破綻はどう処理されたか

制度面をめぐる第二の問題は、金融破綻をどのように処理するかということ、つまりセーフティ・ネットにかんするものである。ＢＩＳ規制や早期是正措置が「破綻前」にかかわるのに対し、こちらは「破綻後」を対象としている。金融機関が破綻すると、その経営を引き受ける「受け皿」に誰がなるのか（見つからなければ清算される）、損失をどのように吸収するのか、預金をどれだけ保護するのか、が問題になる。一九七一年に創設された預金保険制度は、九〇年までは実際には発動されず、経営の悪化した金融機関が生じると、行政の仲介によって経営にゆとりのある大手金融機関が業務の量的拡大を目的として吸収し、損失も引き継いでいた。その結果、預金も全額保護されていた。いわゆる「護送船団方式」である。

ところが九一年以降、バブル崩壊ゆえに経営の悪化した金融機関が毎年のように破綻するようになると、預金保険が発動され始める。破綻金融機関の営業・事業を救済金融機関に譲渡することを前提に、預金保険が債務超過額を穴埋めしたり、不良債権を時価で買い取って処分したりするようになったのである。

最初のケースは九一年に破綻した東邦相互銀行（伊予銀行に吸収合併）で、その後、破綻件数は九三年までに四件、さらに九五年までに一〇件と加速的に増加してゆく。とくに九四年に破綻した東京協和信用組合・安全信用組合に対しては、救済機関が現れないことが判明した。預金保険を適用できず、破綻した金融機関の預金払い戻し保証額を元本一〇〇〇万円とその利息までとする「ペイオフ」が発動されかねない事態となったため、東京共同銀行が受け皿金融機関として設立される。その後、個別の破綻事案ごとに受け皿銀行が新設されていったが、九六年の法改正で東京共同銀行は整理回収銀行に改組され、破綻した信用組合に対する常設の受け皿機関となった。と同時に九六年の預金保険法改正によってペイオフは凍結され、預金は全額保護されることとなる。しかしそれだと財源が不足するため、一般保険料の引き上げと特別保険料の徴収が行われた。

ところが九七年には、先述のように短期金融市場で戦後はじめてデフォルトが発生して三洋証券が会社更生法の適用を申請、続いて一一月には北海道拓殖銀行が預金流出に抗しきれず破綻、山一証券が自主廃業を発表した。これによってインターバンク市場（銀行間の資金貸借市場）は急速に縮小し、銀行は資金不足に備えて貸し出しを極端に抑え始め、貸し渋りが生じた。こうした金融不安の深刻化を受け、新たな制度的措置が必要となり、預金全額保護の財源としてさらに一七兆円の公的資金が手当てされるようになったのである。

そこで九八年になると、救済金融機関がただちには見出されなくとも、当面は金融機能を維持して迅速《じんそく》に破綻処理を行い、しかも預金は全額保護するために「金融再生法」（関連八法案）が制定され、受け皿銀行が見つかるまで一時的に国有化する「特別公的管理」、国が金融整理管財人を出して受け皿銀行が見つかるまでの業務を引き継ぐ「ブリッジバンク方式」、その金融整理管財人が銀行を清算してしまう、という三つの方式を定めた。以後、この方式が主だった金融機関の破綻処理に用いられるようになる。

九八年一二月の日本長期信用銀行と同一二月の日本債券信用行は特別公的管理により、また九九年に次々に破綻した国民銀行・幸福銀行・東京相和銀行などは金融整理管財人の管理のもとで処理された。一方、預金保険法の資金援助方式は、主に信金・信組などの中小金融機関の破綻に適用されるようになっていった。預金保険機構の支援を受けた（破綻した）金融機関は、一九九二年度から二〇〇二年度（二〇〇二年は四月、五月の二ヵ月）までの一一年間に、銀行一九、信用金庫二七、信用組合一二七に及び、支援金額は合計二四兆円に達している（注2）。

ところが次々に打ち出される法的措置のせいか、預金者が預金引き出しに殺到するという銀行取り付けのような混乱は生じなかった。ここまでは、金融におけるセーフティ・ネットがひとまずは有効だったと評価できよう。その後、ペイオフ凍結の全面解除は二〇〇二年末に成立した金融三法では二年間延期することとなったが、定期預金のみ部分解除した同年四月の経験では、地方銀行から都市銀行や郵貯へ、定期預金から普通預金へと急激な預け替えが生じた。全面解除となればさらなる資金移動が予想されるが、とりあえず「より大きな銀行へ」という流れは、銀行の体力を正当に反映しているとは思われない。金融の専門家でない人が預金者の大半であるからには、いくら銀行が財務を情報開示したところで不当な評価が下されるのは不可避だろうし、銀行の破綻可能性を計算することにしてからが預金者にとっては少なからず負担になり、不安を呼び覚ましかねないのが現状である。

ちなみに長銀にかんしては、自己資本比率を一〇・三二％と自己査定した四ヶ月後に四兆円の債務超過で破綻し、資産内容の虚偽記載で幹部が逮捕された。それが主要行と金融庁との馴れ合いから生じたとの疑惑を呼んだため、金融庁は二〇〇二年一〇月に「金融再生プログラム」を発表、不良債権の処理を厳格に行わせるという監督目標を打ち出した。自己資本比率規制をいよいよ徹底導入し、不良債権の処理を加速させる方針である。それで金融システムに対する信頼を取り戻そうというのだが、金融システムのみ健全化しても実体経済が健康になるとは限らない。

不良債権とデフレ――金融政策をめぐる二つの議論

次に金融政策の変化について見てみよう。日本銀行は公定歩合を九一年七月に六・〇％から五・五％に引き下げてからは、一貫して下げ続けるという低金利政策を施行、九九年にはついにゼロ金利政策を採用するに至った。二〇〇〇年八月から翌年二月までは一時的にゼロ金利政策を解除したが、この時期以外は金融緩和が続いている。だが金融緩和政策にしても、一九九〇年代いっぱいを通して景気を浮揚させるほど民間投資を増やすのに画期的な効果があったとは言いがたい。

そこで二〇〇一年には、日銀は金融市場の調節目標を金利から貨幣供給量に切り替える。企業は金利よりも借りることのできた資金の絶対額に応じて投資するという推論から、金融の量的緩和に方針転換したのである。これは、金融機関から債券などを買い、その代金を当座預金に振り込むことによって資金供給を行うという金融政策の手法である。銀行は個人や企業の預金支払い準備のために（全体で約四兆円の）資金を日銀当座預金に置かなければならないことになっているが、これ

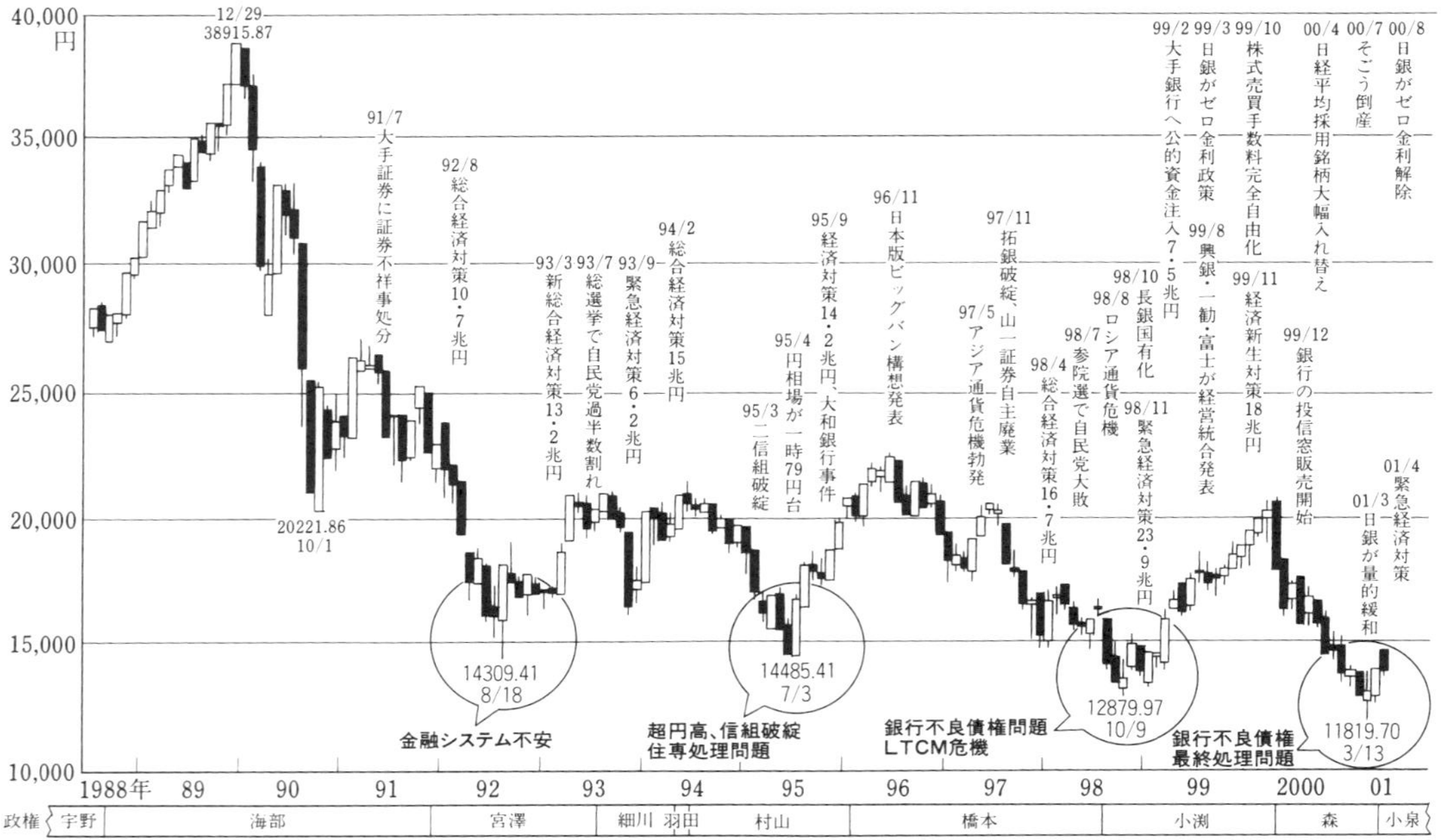

図1-2 日本経済「失われた10年」の軌跡（出所：『週刊東洋経済』2001年6月2日号をもとに作成）

がたとえば六兆円になると、金融機関は積んでおく義務がなく金利のつかないお金を（約二兆円）抱えることになるから、その分銀行の貸し出しなどが増えるというもくろみである。

しかしそれにしても、景気に決定的な影響を与えたという痕跡は見られない。こうした事態をどう受け止めるのかにかんし、二つの議論が浮上した。ひとつは不良債権の存在に注目するものである。企業は銀行の融資を受けて活発に投資を行おうとはしていない。なぜだろうか。蓄積された不良債権ゆえに銀行はそれ以上貸し倒れるリスクを背負えなくなっており、量的に追加供給された通貨を融資に回さず、リスクがゼロと査定される国債を購入しているのだと解釈するのである。この解釈が正しければ、不良債権の処理が景気回復には決定的に重要だということになる。

もうひとつは、二〇〇一年頃から全国紙や経済論壇で一部の学者がキャンペーンを張るようになったデフレ論である。緩やかなデフレ傾向の定着が決定的な問題だというもので、それゆえに消費も投資も差し控えられているというのである。そこでデフレに対処するための断乎《だんこ》たる量的緩和やインフレ目標の設定がマクロ経済政策＝金融政策の対象とされる（注3）。

こうして、不良債権問題を中心とする構造改革か、それともデフレ対策かという対立が、小泉政権においては問題視されてゆくのである（図1-2）。

2

何をめざしているのか――構造改革の11の主張

「構造改革」文書

こうして二〇〇一年に小泉内閣が誕生し、経済再建策として「構造改革」を掲げることになる。その内容は多岐にわたり、現実の経済社会に大きな変化を引き起こしつつある。主要銀行は次々に統合され、不良債権処理を通じて整理されると目される企業の名前が噂されない日はない。公官庁でも人員削減が行われ、国立大学などでも新規教官採用に増員が見込めなくなったり、研究成果を競い合うような指示が出され、多くの教官が文書のとりまとめに長大な時間を割いている。こうした構造改革論は、どう評価されるべきものだろうか。それは現時点における経済学者やエコノミストがよって立つ立場を集約したものではあるが、結論から言えば筆者はそれに対してきわめて批判的な立場を取っている。

構造改革論は、経済学において現在、正統派とされる新古典派経済学の立場から、金融機関にせよ企業にせよ、家計や労働者にせよ、ルールに服しつつ自由に競争すれば、市場は長期的に均衡し、経済は全体として最高の成長を遂げると見る。ところがそれは長期的な展望にかんして不安心理が蔓延《まんえん》しないこと、資産市場において投機ゆえに資産価格が経済実体から乖離《かいり》しないことなどを暗黙の前提としている。そうした前提は、慣行や規制などの制度によって満たされてきた。それゆえ構造改革が制度（＝構造）を破壊するならば、人々はリスク負担に耐えかねて創造性を失い、市場は不均衡になり、最終的には国の統制によってしか存続しえなくなる。市場の自由が維持されるには制度が安定しており、改革はその範囲内で状況に合わせて遂行されねばならないのである。

構造改革には他にいくつもの批判があり、典型的にはデフレ対策を先行させるべきだという構造改革凍結論（注4）や、逆に金融機関に対する監督方針が「金融再生プログラム」でもまだ甘い（注5）といったものがある。けれども本書の主張からすれば、これらの説もまた、市場への信頼は経済のなかだけから生まれると仮定している。信頼は市場の趨勢《すうせい》のみならず、制度が安定しているという思い込みによっても形作られているのである。

以上については第二章以降に筆者の考えを詳述するが、まずは構造改革論が全体として何をめざしているのか、どのような理論の仕組みを持っているのかを探ってみよう。

「構造改革」については、内閣府に属する経済財政諮問《しもん》会議が公表した資料に記されている。二〇〇三年四月時点までに公表されたものは、

①「今後の経済財政運営及び経済社会の構造改革に関する基本方針」（平成一三年六月二六日閣議決定）

②「改革工程表」（平成一三年九月二六日）

③「改革先行プログラム」（平成一三年一〇月二六日）
④「緊急対応プログラム」（平成一三年一二月一四日）
⑤「構造改革と経済財政の中期展望について（改革と展望）」（平成一四年一月二五日閣議決定）
⑥「経済財政運営と構造改革に関する基本方針二〇〇二」（平成一四年六月二五日閣議決定）
⑦「改革加速のための総合対応策」（平成一四年一〇月三〇日）
⑧「改革加速プログラム」（平成一四年一二月一二日）
⑨「改革と展望——二〇〇二年度改定」（平成一五年一月二〇日）

などで、さらに内閣府『年次経済財政報告——改革なくして成長なし』（経済財政担当大臣報告、かつての『経済白書』、いまのところ平成一三、一四年度の二冊がある）が、包括的に分析を展開している。

それぞれの資料に示された定義によると、資料間の関係は、長期的な枠組みが「基本方針」で与えられ、それは二〇〇一年に第一弾、二〇〇二年に第二弾が発表されている。第一弾について、省庁別の具体的取り組みやタイムテーブルを示したのが「工程表」。さらに中期的なビジョンを示すのが「改革と展望」で、二〇〇二年度から毎年改訂される。また、「〜プログラム」は個別の論点にかんする方針を示している。以上についての理論的・実証的な論述は、毎年の『報告』で与えられている。

こうした構成からなる「構造改革」は、日本経済になぜ改革が必要と言うのだろうか。またそれはどのような改革を遂行しようとしているのだろうか。

不況にかんする解釈──「循環的」ではなく「構造的」

まず、構造改革は、何のために必要なのだろうか。

平成一三年・一四年の『報告』を見てみよう。そこには議論の出発点として、一九九〇年代以降の日本経済は幾度か上向きに向かったものの、景気回復は中折れに終わったということが挙げられている。「九九年春から始まった九〇年代二度目の回復も、力弱く二年も持たずに、日本経済は再び景気悪化のサイクルに入ってしまった。なぜ日本経済は回復力に欠け、いつまでも低迷するのか」(注6)。この問いに対して、日本経済は景気を循環させてはいるものの、本来的な成長の経路に乗っていない、それは構造調整がうまくいっていないからだ、と答えるのである。

景気の循環において短期的に不況であるだけならば、総需要が不足しているだけだから、財政赤字にもとづく公共投資や政府支出の増額で脱することができただろう。ところが公共投資や政府支出の出動では、経済は成長の経路には乗らなかった。そこで政府は、財政出動による景気浮揚論、すなわちケインズ経済学そのものを否定する。

第一に、ケインズ経済学が前提とする価格の硬直性（ないし価格の調整スピードの遅さ）は、あくまで短期においてであり、一〇年もの長期にわたる日本経済の低迷を、価格の硬直性に起因する需要不足で説明できるのだろうか。

第二に、日本経済の現状では、デフレの進行で、いろいろなモノの価格が実際に下がっている。賃金も、……ボーナスの減少や賃金の低いパートの採用拡大などで、結構弾力的に調整されている。このような事実からすれば、価格の調整スピードが遅いとしても、調整に何年もかかるとはどうも言えそうにない……（注7）。

この文が述べることは、意味深長だ。市場経済には「短期＝価格硬直的＝需要不足の可能性あり＝ケインズ政策有効」と、「長期＝価格伸縮的＝ケインズ政策無効」のいずれかのケースしかない、と言っているのである。それを前提にすれば、九〇年代以降の不況は長期にわたっているのであるから、需要を財政で上増ししてやるのはもはや無効であり、長期の取り組みとして構造改革を行い供給を強化することで経済全体の回復力を喚起すべきだ、ということになる。

だがこれは、奇妙な想定だ。なぜといって、常識から言っても、現在の日本経済は長期にわたる不況に陥っているのだから長期の不均衡こそが問題であるのに、それは健全な市場では最初から起こりえないこととして議論から排除しているからだ。短期的不均衡か長期的均衡かという対比がすべてなのである。

この考え方によれば、市場がしっかりと機能しておれば、需給は長期的に均衡するし、経済は成長の経路に自動的に乗るはずである。ところがそうなっていない。ここで、なぜ経済が長期的に均衡しないのかが問題になる。これについての政府の見解が、もし長期的に不均衡が起こっているとすれば、それは価格メカニズムを働かないようにするなんらかの障害のせいだ、というものなのである。そしてこの「障害」を「構造」と呼び、規制や慣行などがそれに当たるとみなすわけである。だがここに論理の飛躍があることは、とくだん政府に肩入れする必要のない読者にとっては自明だろう。なぜといって、長期にわたり市場が不均衡であったのが「構造」のせいだと決めつけるためには、市場が自動的に不均衡に陥る可能性は存在しないことが論証されねばならないからだ。ところがそうした論証は抜きで、市場は長期的には均衡するはずだ、それは「構造」が邪魔しているからで、それを改革しなければならない、とされている。それは経済学の主流派である新古典派の教科書に述べられていることではあるが、政府がそれを勝手に信じているにすぎず、本来論証されねばならないはずであろう。

　以上から構造改革論は、まずは次の二点を信念として唱えていることになる。

(1)現在の不況は循環的なものではなく、構造的な要因から生じている。

(2)財政出動によって経済を回復の経路に乗せることはできない。したがってマクロ経済政策としては財政政策は無効であり、金融政策に期待すべきである。

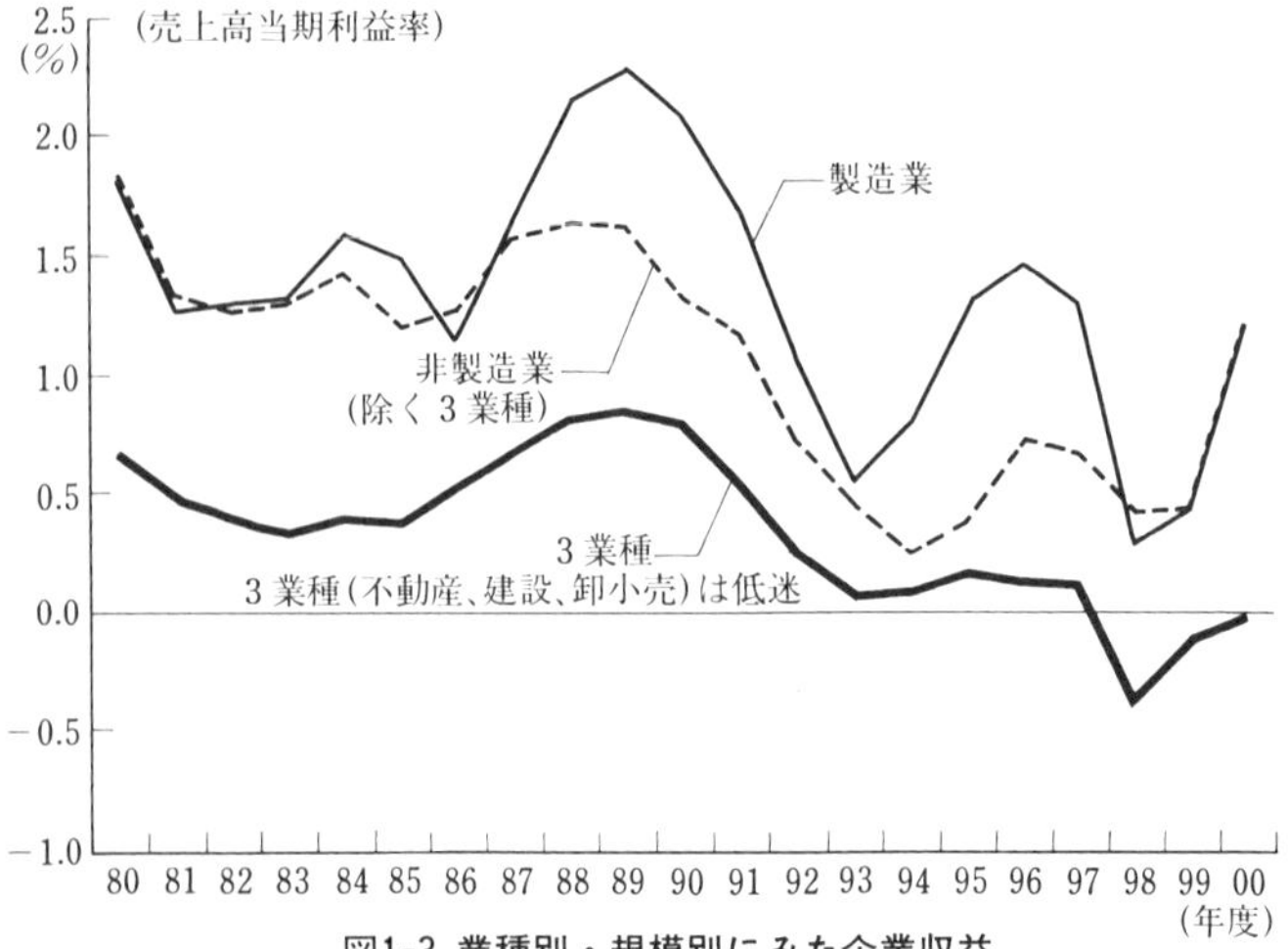

図1-3　業種別・規模別にみた企業収益

(出所：平成13年度版『報告』)

「潜在成長率」という考え方

けれども、経済を計画的に改革するというのは社会主義の発想である。市場制度がすぐれたものであるならば、市場に任せておけば自動的に経済は環境の変化に適応していくというのが、自由主義経済の信条であるはずだ。それにもかかわらず改革が必要だというためには、本来はすぐれた自動調節的制度であるはずの市場が、なんらかの障害によって機能不全に陥っていることを事実から説明しなければならない。市場が経済以外のなんらかの障害によって機能不全に陥っているということは、市場が理想状態で達成しうるものと現実の市場経済が乖離《かいり》していることによってしか推し量られない。となると、改革を主張するには、市場についての理想状態が何であるのかがあらかじめわかっていなければならない。つまり、理想状態が何であるのか、そしてそれから現実がなぜ乖離しているのかが説明されねばならないのである。

そこで『報告』には、生産性の高い産業と低い産業とが図示されている（図1-3）。生産性の高い産業とは、製造業で言えば知識・技術集約的な産業であり、サービスを中心した非製造業である。一方、生産性の低い産業（企業収益が低く債務が大きく、不良債権を生み出している産業でもある）とは、不動産・建設・卸小売りの三業種のことだとされる（注8）。

このように現在の日本経済においては、産業間で生産性に差がある。もし市場が理想的に機能しているなら、労働・資本・土地から成る生産要素が三業種から逃げ出し、高生産性の分野に流入していくはずだ、と言う。市場の理想状態においては、生産性がすべての産業において均等になるはずだからだ。

日本経済が理想状態にないことを示すひとつの数値例として挙げられているのが、「**潜在成長率**」である。構造改革論はこの「潜在成長率」という概念を、キーワードとして用いている。潜在成長率とは、一国経済が「インフレを加速することなく、資本ストックや労働力を過不足なく活用した場合に達成しうる経済成長率」（注9）、つまり理想的な状況で経済が達成しうるはずの成長率である。インフレが加速せずしかも生産要素の配分に過不足がないというのだから、それは財や生産要素にかんするすべての市場で需給が均衡していることを意味している。

内閣府が報告書で推計している潜在成長率とは、R・ソロー（Solow, Robert）の「成長会計」を利用したもので、潜在成長率＝生産性の伸び率＋資本投入率×資本投入伸び率＋労働投入率×労働投入伸び率とされる。これを算出したとき、現実の成長率と差があれば、それは生産要素が適切に配置されていないからだ、と言う。

改革が主張される理由

中期ビジョン（「改革と展望」）ではこの算式を用いて、理想的な政策が実施されたとき、どれほどの影響が実態経済に表れるかについての予告をしている（注10）。構造改革を断行すれば、「二〇〇四年度以降は実質一・五％程度あるいはそれ以上、名目二・五％程度あるいはそれ以上の民間需要主導の着実な成長が見込まれる」と宣言するのである。こう述べる論拠は、「平成一三年度年次経済財政報告」などによれば、「潜在成長率」がそれだけの水準にあるから、ということになる。

これは予告であるから、政治家にたとえれば、いわば公約である。したがってそれが実現しなければ、公約破りすなわち理論が間違っていることになると読者は思われるだろう。経済学者は、素朴に自分たちが行っているのは「科学」であると述べている。科学哲学者のK・R・ポパー（Popper, Karl Raimund）は、ある命題が科学であるためには、それは「反証可能性」を持っていなければならないとした。その基準で言えば、予測がはずれたならば、理論が反証されたことになるはずだ。それは政府の公約違反であるから、構造改革という考え方そのものも撤回しなければならない。ところが「改革と展望」には、理論撤回という一大危機を招かずにすませるような予防線が巧妙に張られている。

予想が実現しないとすれば、それは構造改革論が間違っていたせいではなく、その主張通りに改革が実施されなかったからだ、と言うのである。だがこれだと、実際の成長率が潜在成長率（とされる予告値）を下回ったときには、理論が反証されたのではなく潜在成長率が下方屈折した、つまり「構造改革が進んでいなかった」からだとつねに言い逃れできる。のみならず、より構造改革を進めねばならない、とすら居直ることもできる。理論通りにならなかったのは現実がおかしかったからだ、というわけである。

これはポパーの基準から言うならば、予測がはずれてもいつまでも反証されないという意味で反証可能性がない、つまり「科学的に無意味」な言明である。これは科学めかしてはいるが、なにがなんでも構造改革を断行しろという脅しにすぎない。

ここで、構造改革論の次の論点が出てくる。

(3)市場のあるべき理想状態は、「潜在成長率」の概念を用いて観察者が客観的に記述することができる。

ただし新古典派経済学にもとづくこうした主張は、市場の自由化を唱える陣営にあっても必ずしも唯一の見解ではないことに注意しておきたい。たとえばこの陣営のひとり、経済学者のＦ・Ａ・ハイエクは、市場がどのようであるべきかは自由な市場過程によってのみ示されるのであり、それを学者や官僚が客観的に把握しうるとみなすのは社会主義計画経済なのだ、と説いている。

構造改革論は「市場原理主義」であるとしばしば言われるが、本当に市場原理のみを死守する立場であれば、国家の出番は最小限にとどめ、たとえば不良債権などは放置しておいて、それを抱える銀行が自然淘汰されるのに任せるはずだ。ところが構造改革論では、市場を理想状態に近づけるために、国家（金融庁など）が経済に大幅に介入する手はずとなっている。これは、ハイエクからすれば、社会主義そのものということになるだろう。

自力では環境に適応できない日本経済

では、どのような状況において市場が機能障害に陥ったというのだろうか。

平成一四年度版『報告』の第三章は、日本経済が「産業空洞化」に陥りつつあるという認識を示している。日本経済は国際分業の変化の趨勢に適応できず、国際競争力を失いつつある、その証《あかし》としてバブル崩壊後の不振と「産業空洞化」を招いた、というのである。国際分業の変化として、次のようなものが挙げられている。

1貿易構造の変化：中国からの輸入の急増を受け、製造業が縮小している。
2産業構造の変化：国内最終支出に占めるサービス支出の割合が高まっており、これを受けて名目GDPに占めるシェアが製造業で縮小、サービス産業で拡大している。
3国際分業構造の変化：世界経済の発展や技術革新の進展により、日本経済にとって比較優位にある産業が労働集約的なものから知識・技術集約的なものに推移しつつある。

ここで述べられているのは、まず国際的には先進国と途上国とがあり、それらが分業しているということ。日本は先進国になったのであるから、国際分業において先進国型とならねばならない。また、国内で需要される財も、第一次産業から第二次産業、第三次産業へと需要の重心が高次化している。それゆえ軽工業などは途上国に譲り、製造業のうち労働生産性の高い分野や、知識・技術集約的な分野、そしてサービス産業を中心とするように構造調整が行われねばならない。これはつまり、グローバリゼーションと技術革新、そして消費者のサービス志向ということである。

『報告』によると、過去の日本経済においては、こうした環境変化のショックは市場が自力で吸収し、構造調整を成し遂げてきた。その例として、七〇年代の石油ショックと八〇年代の円高ショックが挙げられる。

石油ショックに対して企業は、減量経営と省エネルギー努力によって対応した。円レートがほぼ二倍に増価した円高ショックの際には、コスト削減や合理化努力・省力化を進め、事業の多角化によって内需を掘り起こすとともに、直接投資による生産拠点の海外移転が盛んになり、アジア地域との間に新しい国際分業関係を築きあげた。

このように過去の日本経済では、市場に任せておけば国家があえて介入しなくとも構造調整が行われた。ところが一九九〇年代以降、そうした構造調整が市場主導で自動的には起きなかったのだから、政府主導で人為的に遂行するしかない、というわけである。日本経済の現状では、世界と国内の環境変化についていけないから、それに対処するために、市場を十分に機能させようということだ。

何を改革するのか

では、何が市場の働きを邪魔しているのだろうか。

『報告』は、こう述べている。

経済全体の生産性（ＴＦＰ）の伸び鈍化の背景としては、……不良債権問題をはじめとする構造問題により、生産性の低い産業や企業に労働力、経営資源、資本が塩漬けになり、生産性の高い分野にそうした資源が配分されなかったことがある。ここでの構造問題とは、不良債権問題に加え、九〇年代に入って規制緩和が進んだものの依然として残る公的規制、民間企業の経営方式や意思決定システムの制度疲労などを意味している。

つまり、戦後の日本型経済システムと呼ばれた諸制度、そして累積した不良債権が障害となり、労働や土地・資本という諸生産要素が時代遅れになった産業に滞留し、高収益を生む新産業に流れていかないことが成長率が低下した理由だというのである。

⑷市場経済が理想状態にないのは、「構造」が障害となっているからである。グローバリゼーション、技術革新、消費者のサービス志向といった環境変化に対しては、市場がしっかりと機能すれば十分に適応できるはずだが、現在の日本ではそうなっていない。それは護送船団方式や日本的経営、日本的取引慣行といった「構造」が市場の機能を低下させているからだ。

ちなみに、ここで想定されている「構造」には次のようなものがあり、続く理由で市場機能を損なったとされている。

a市場活動に対する政府の規制：新しい産業や技術の創造を阻《はば》んでいる。
b平等主義的な税制：企業には技術革新の誘因を与えず、家計にも自己責任を取らせない。

c金融市場にかんする護送船団方式：間接金融が主であった戦後日本経済において、金利をはじめ種々の規制を行う際に経営効率の最も悪い金融機関に配慮して条件を定め、既存の金融機関がすべて存続していけるようにした大蔵省の金融行政の指針。船団中最後尾の船に当たる金融機関が破綻した場合には、余裕あるものが吸収したり支援する。金融機関が競争を通じて収益性を上げるのを妨げた。

dメインバンク制：借り手企業にとっての最大の債権者である銀行が、融資だけではなく株式の持ち合いをも行って強固な関係を築き、融資先が経営難に陥ると資金供与とともに経営陣を送り込み、倒産を回避させてきた。だが企業に追い貸しして延命させることは、非効率な企業を退場させず不良債権を増やすことにもつながる。

e日本的雇用環境：終身雇用制、年功賃金制など。労働者が企業間で流動するのを妨げ、労働者の競争意欲を低下させている。

構造改革論の全体像

では、こうした既存の日本型経済システムに対し、構造改革論はどのような経済像を理想として持ち出すのか。

潜在成長率という考え方によれば、前述したように、すべての市場は長期的に均衡していると想定されている。したがって長期的な経済の低迷については、二側面からの説明が行われる。①生産要素が適切に配分された状態で潜在成長率が低下したのか、もしくは②市場の機能を阻害する何らかの理由から生産要素が適切に配分されていない（ミスマッチ）かである。こうした事態を打破するのが「構造改革」だという。「基本方針」（平成一三年）が用いる表現では、①を打破するのが「前向きの改革」、②を改善するのが「後ろ向きの改革」である。

「前向きの改革」については、前掲の式からして経済全体の生産性の伸び率、資本投入の伸び率、そして労働投入の伸び率のそれぞれを拡大することが目標になる。生産性を高めるためには、ＩＴなどに期待する。生産性が基礎科学技術によって引き上げられるとすれば、それを産学連携で実現するように大学と実業界の関係を修正する。またリスクを負って新たな技術開発を行いうるように、税や金融などの制度を改革する。労働力については少子化が懸念されるが、子育て後の女性や引退年齢を越えた高齢者が働ける環境を整えたり、職業紹介機能の充実や職業能力開発の強化によってそれを補う。資本投入については、企業の過剰債務が不良債権処理を通じて解消されれば今後は回復するとされている。こうした改革を断行すれば、少数の才能ある個人が抜本的な技術革新を行い、それが新たな産業と雇用を創出するようになるというのである。

「後ろ向きの改革」では、既存の日本型経済システムを解体し、生産要素が市場を通じ収益性の高い産業分野に速やかに移動していくような回路を構築する。ただし小泉政権の構造改革と言えば、一般的には道路公団や郵政事業の民営化が連想されるだろう。民営化論は公共と民間の間で資源配分にミスマッチが起きているとみなす立場だから、これも「後ろ向きの改革」に含めることができる。そこから出てくるのが、「民間でできることは民間に、地方でできることは地方に」という方針である。公共部門のなかでも、わが国ではとくに中央に資源が集中していることが適切さを欠いていると考えられる。そこで国の財政から民間に任せうる分と地方でできる分を切り離そうと言う。

また、国の社会資本整備や社会保障制度にしても、たんに国家が福祉として行うべきではないとする。社会保障についてはセーフティ・ネットの活用に移行すべきなのであり、これは福祉政策・雇用政策の色が濃かった社会資本や社会保障を、市場中心の経済に適合させるよう転換を図ることでもある。これは財政再建につながり、国債発行を三〇兆円以下にし、累積財政赤字の拡大を抑えようとするわけである。

創造よりも破壊というビジョン

では、改革が遂行されたとして、日本はどのような経済システムを新たに持つことになるのだろうか。「基本方針」において全体を総括する言葉として注目されるのが、「**創造的破壊**」である。

創造的破壊を通して労働や資本など経済資源は成長分野へ流れていく。こうした資源の移動は基本的には市場を通して行われる。市場の障害物や成長を抑制するものを取り除く。市場が失敗する場合にはそれを補完する（注11）。

創造的破壊においては、技術革新や潜在的な需要を開拓するという側面と、そこで生じた新たな生産体制にもっとも効率的に応えるために、生産要素をすみやかに移動させるという側面が連結していることが理想である。その「連結」を行うのが、前向きと後ろ向きの改革だというわけだ。以上から、次の主張が出てくる。

⑸市場経済の理想は創造的破壊が連続して起きることであり、それによってイノベーションと需要の好循環が生じ、経済は成長してゆく。構造改革は一時的な不況対策ではなく、日本経済を現在の停滞からそうした理想に向かわせるものである。

ただし、構造改革論における「創造的破壊」では、需要はどのように生まれるのか、それに即した商品をいかにして「創造」するのか、そのための活力をどう呼び込むのかについてはいっさい触れられていない。たんに規制を緩和したり、税制を新技術の開発者に有利に再編すれば、創造力は自然に湧き起こってくるとみなされている。これに対して「破壊」は、不良債権処理や日本型経済システムの解体という形で具体的である。創造よりも破壊に力点が置かれているのが構造改革論だと言えよう。

経済を停滞させた犯人

以下は各論である。

構造改革論においては、長期的に市場の需給が均衡すると考えるから、潜在成長率の上昇（総供給曲線の右方シフト）が経済不振から回復するための目標になる。これは、供給が伸びさえすれば需要は自然に発生することを前提している。供給側が潜在的な実力ほど伸びていないのは、需要が不足しているせいではなく、供給側で生産要素が供給を最大限のものとするほどの効率性で適切に配置されていないからだ。本来は市場がうまく調整するはずなのに、なんらかの機能障害が発生しているのだ。つまり価格メカニズムが需給の差を敏感に調整するのを市場外の障害が妨げているのだ、と見るのである。その「犯人」として名指しされたのが、「不良債権」と「日本型経済システム」であった。

構造改革は、まずは生産性が低く不良債権を生み出している不振三業種（不動産・建設・卸小売）から、より生産性の高い産業（製造業の知識・技術産業や非製造業のサービス産業）に生産要素を移動させようとする。本来、市場が適切に働いているなら、賃金がより高く人手不足の職に失業者は吸収されていくだろう。また土地や建物は、使い道に容積率などの規制がなく自由に高層マンションを建てることができるなら、都心の土地は高い地代でも借り手のつく、そうした用途に転用されるだろう。資金にしても、不良債権に塩漬けされることなく、より高い収益を求めて株式などリスク性資産も含めた適正な資産選択がなされていくだろう。つまりは自然に生産性の低い三分野から生産性のより高い分野に生産要素が移動していくはずだが、それを邪魔しているのが不良債権と日本型経済システムだというのである。

不良債権という主犯

不良債権は言うまでもなく、貸出金の返済や利息の支払いが滞っている企業向け融資のことだが、銀行は金融検査マニュアルにもとづいて、半年ごとの自己査定により貸出先の企業を三つに区分している。

三カ月以上の延滞があったり、貸し出し条件を緩和していたりする「要注意先」債権、今後経営破綻に陥る可能性の高い「破綻懸念先」債権、法的・形式的に破綻している「破綻先」や実質的に破綻している「実質破綻先」の三つであり、それらはとくに不動産・建設・卸小売の三業種の企業を中心として蓄積されている。バブル時代に不動産への投資と借り入れを過剰に行い、バブル崩壊後、地価が下落し続けたために不良債権化したからだ。

ここまでは「バブルの負の遺産の処理」だが、政府は『経済白書』でも、九六年にはバブル崩壊にともなう過剰な資本ストックの調整は終了したと宣言している。それだけ多額の不良債権が処理されてきたのだが、それにもかかわらず不良債権は新規にも増え続けている。その理由をどう解釈するかで、対処法は大きく分かれるだろう。

構造改革論は、バブルの後始末が終わった後にも、日本経済は「国際分業や産業構造の変化、企業経営の転換」に対処できない「負け組」企業を多く生み出し、また銀行もそうした企業をコントロールするどころか、さらに貸し込んで不良債権を新規に蓄積させてしまったと解釈する。これは、銀行が実物経済の動向を読みとれなかったということを意味している（注12）。

生産要素の流動化――不良債権処理の意味

生産要素（労働・資本・土地）の移動は、前述したように、構造改革論の目標のひとつである。では、不良債権処理は、生産要素の流動化とどう関係するのだろうか。銀行は本来、貸付先企業に資金繰りで不安が生じたとき、今後高い収益性が見込める場合には支援するが、見込めなければ債権を回収したり企業の再建に尽くしたりする役割を担っている。つまり、企業を存続させたり解体したりして、資本や労働・土地といった生産要素を放出し、流動化させる決定を行っている。いわゆるコーポレート・ガバナンス（企業統治）とは、企業経営に効率化を強《し》いて過度のリスクを負担しないようにすることだが、それは裏を返せば企業組織を清算する仕組みでもある。戦後日本の銀行は、メインバンク制度を通じてそうした役割を果たした、と言われてきた。

ところがバブルに際しては過剰な不動産投資を支持し、九〇年代に不良債権が累積するに当たっても、収益の回復が見込めそうにない投資にまで固執して追い貸しし、それが不良債権の累積を招いた。しかも近年では「負け組」産業の見分けもできず、そこへの貸し付けから追加的な不良債権を発生させている。そこで銀行に不良債権の最終処理と企業組織の清算とを強いる仕組みが別途必要になったと考えられるようになったのである。これは、企業経営の規律については銀行が、銀行経営の規律については大蔵省が監督するという従来の「護送船団方式」を改めるということでもある。

生産要素の移動にかんして構造改革論は、次のような枠組みを考えている。

1生産要素の流動化、日本型経済システムの解体↓不良債権処理・金融システム改革
2雇用の流動化↓終身雇用制の解体
3土地の流動化↓都市再生政策
4資本の流動化↓間接金融から直接金融へ

ある企業が経営不振に陥ったときに、不良債権が発生する。そしてそれが処理されると、企業組織は解体され、そこに張り付いていた生産要素は流動化する。したがって不良債権の処理には、経営不振企業の金融的な処理と、労働・土地・資本の移動がかかわってくる。それゆえ不良債権処理やそのための金融システム改革は、終身雇用制の解体や都市再生政策、直接金融市場の育成につながるというわけだ。

市場ではなく政府任せの改革

金融機関による不良債権の処理には、債権の残高は維持しつつ将来そこから損失が発生するのに備えて引当金を積むという「間接償却」があるが、最終処理はさらに進んで損失を確定させることを指す（注13）。それには、民事再生法・会社更生法などの倒産法制にもとづき裁判手続きで処理を決める「法的整理」（再建型と清算型がある）、債権者が私的に協議して債権放棄により再建したり清算したりする「私的整理」、債権の売却によって法的整理・私的整理に至る「債権譲渡」があり、一般に企業の規模が大きいときは再建型の法的整理、小さいときは清算型の法的整理が行われている。そうした処理は従来、銀行の自主努力に委《ゆだ》ねられてきたが、最終処理が先送りにされているという判断から、主要行に対して年限を区切って最終処理することが命じられた。二〇〇三年一月二〇日の「改革と展望」によれば、二〇〇四年度中に終結させるという。

ただし自由主義経済であるからには処理を先送りするのは銀行の自由であるはずで、それにより信用を落とすのもまた銀行の自由である。それにもかかわらず実行を政府が命ずるには、公的な理由付けが必要になる。それが、

a 銀行収益の悪化によるリスクテイク能力の低下と貸し出し態度の消極化
b 生産要素の停滞による生産性の低下
c 金融システムに対する信頼の低下を通じた、企業投資や家計消費の低迷

だとされている。つまり、銀行が不良債権を最終処理しないからこそ景気が悪化し成長率が鈍化したというのである。

二〇〇二年一〇月三〇日の「改革加速のための総合対応策」によると、最終処理を促進するには、預金保険機構の下に整理回収機構（ＲＣＣ）を創設し、そこへの不良債権売却をうながす。さらに内閣総理大臣を本部長とする「産業再生・雇用対策戦略本部」を設置して、過剰債務問題・過剰供給構造等に対応するために、産業再編や早期再生にかんする「基本指針」を立案する。その基本方針にもとづいて、同じく預金保険機構に創設する「産業再生機構」により金融機関が「要管理先」等に分類した企業のうち、メインバンク・企業間で再生可能と判断している企業の債権を、適正な時価で他の金融機関から買い取る。すなわち、「法的整理」「私的整理」についても、自由には任せず国家が設置した機構を通じて促進しようというわけである。

国家が「護送船団方式」や（終身雇用制・年功賃金制などを含む）「日本的経営」といった日本型経済システムを構成する諸制度を解体し、生産要素を流動化させるのが不良債権最終処理なのである。

以上についても、企業の倒産を容認する点や、情報を公開し裁量によってではなくルールにもとづいて（注14）不良債権処理を進める点を除けば、結局は中央官庁が強制していることを確認しておこう。中央官庁は、護送船団方式が批判されるに当たっては、大蔵省のように非難の矢面《やおもて》に立っていたが、いつの間にか金融庁や産業再生本部のごとく企業統治にまで直接に権力を及ぼすことのできる強大な支配力を得つつあるのだ。

(6)金融機関における不良債権の累積は、金融機関が企業を統治する力を失ったということを示している。そのせいで生産要素が移動しなくなり成長率が低下している。金融機関に不良債権を最終処理させ企業を統治する機構を、政府主導で作らねばならない。

日本型経済システム解体①——終身雇用制

不良債権処理によって、従来は既存の企業組織に組み込まれていた労働・土地・資本という生産要素が放出され流動化する。構造改革は中・長期的にはすべての市場が均衡するのだとし、しかも以前に属していた企業・産業よりも生産性の高い分野に移転するというのだから、この考え方では、より収益の上がる受け入れ先が必ず存在することになっている。

「改革加速のための総合対応策」では、「転職」が雇用対策になる。その内容は、具体的には次のようなものである。

・ハローワークの求人について、インターネットによる求人企業名等の公開を行う。
・特別奨励金制度を設け、直接もしくはトライアル雇用を通じた就職を支援する。
・労働移動支援助成金の支給要件を緩和する。

・ハローワークにおけるキャリア・コンサルティング、職員による出張相談など。
・離職予定者に在職中から無料の職業訓練を実施する。
・民間教育訓練機関等における座学と企業における実習を組み合わせた職業訓練を実施する。
・地方公共団体による緊急かつ臨時的な雇用（新公共サービス雇用）を創出する。
・地域中高年雇用受皿事業特別奨励金を創設し、新たに設立した会社が再就職を希望する中高年齢者を受け入れ、公共に貢献する事業を実施した場合に支援する。
・新規・成長分野（医療・福祉関連分野等一五分野）の事業主が中高年齢の非自発的離職者等を雇用する場合等に助成を行う。
・高年齢者が共同出資して会社等を設立する場合に助成を行う。
・有料職業紹介事業にかかわる手数料規制・兼業禁止規制を緩和する。
・労働者派遣事業にかんし、対象業務の拡大や原則一年とされる派遣期間を延長する。
・有期労働契約について、原則一年とされている契約期間の上限の延長、三年の契約が認められている専門職の範囲を拡大する。

すなわち労働者が転職するに際して、職業紹介の充実、受け入れ企業への支援、民間・公共の職業訓練、公共サービスでの新規雇用の拡大や民間で公共的な仕事をする場合の支援、高齢者を受け入れる企業への助成、高齢者が企業を設立することへの助成、派遣・有期労働の長期化、などが雇用対策とされている。つまり、「転職」こそが雇用対策だとみなされているのである。

これは、既存の職場では不要となってしまった労働者にも職種や職能さえ変えれば勤め口はあると考えているということだ。労働者が求める職と企業が求める職にミスマッチが起きているのであり、ミスマッチさえなければ労働市場で需給は均衡しているはずだから、スキルベースを入れ替えて「転職」させればよいというわけである。

市場の無制限の自由化に批判的な経済学者J・スティグリッツは、「シカゴで解雇の憂き目に遭《あ》い失業中の元溶接工は、もとの溶接職場で働きたいのに働けない非自発的失業者なのだろうか。それともカリフォルニアのぶどう農園に行けば摘《つ》み取り仕事があることを知りながら、シカゴにとどまることを選んだ自発的失業者なのだろうか」と述べている（注15）。それと同様に、転業を望まない失業者は自発的に失業していると言うのだろうか。

非自発的失業者は存在しないという考え方を裏付けるかのように、『報告』では、失業率の上昇は「構造的」なもの、すなわちミスマッチの拡大が中心だととらえている。具体的には、製造業・建設業・卸小売業という不振業種で雇用過剰が、これに対して運輸・通信やサービス業では人手不足が見られ、また雇用形態もパートや有期契約などを求める人が増えているとしている。したがって雇用対策としては、ハローワークのような求職情報の媒介のみならず、以前属していた産業で用いた技能を人手不足産業のそれに作り替えるような職業訓練や、雇用形態を変えることに重点が置かれることになる。そうした労働にともなう技能の学習は、戦後の日本型経営においては企業内の研修が請け負ってきたが、企業ではなく公的ないしは労働者個人でそれを負担させようというわけである。

このように構造改革論は、雇用にかんしては人材が不適切な産業や職場に張り付いていることをもって経済不振の原因と考える。それゆえ労働者のリストラこそが企業の生産性を上げると言い、実際、この説が普及したため、リストラ計画を発表しただけで株価が跳ね上がることも稀《まれ》ではなくなった。

もちろんこうした見方に対しては、退職してほしい人のみリストラし、残ってほしい人は残留させるという企業の思惑通りにはいかないという反論が、まずは思いつく。早期退職制を打ち出すと有能な社員からやめてしまうといった現象が起きているし、何件か発生した国産牛肉偽装事件に関連して、それを事件発覚以前に社内で批判していた社員には、リストラ圧力がかかったと言われている。真偽のほどは明確ではないが、リストラが正義となると、それが悪用されがちになることも容易に想像される。

だがそのように、労働者のリストラを常態化し、企業が自前で人材育成をしなくなることが企業組織内部での生産性にプラスの効果を及ぼすのかは疑問だし、それ以外にも、雇用の安定を生産性の観点だけから評価してよいのかという問題が残されている。これについてはのちに検討する。

(7)失業率の上昇は、需要不足によってではなく雇用のミスマッチから生じている。したがって就職情報を普及させ職業訓練を受けやすくし、転職を容易にすることが雇用対策になる。

日本型経済システム解体②――都市再生論

では、土地についてはどうか。ミスマッチにより塩漬けとなった不動産の流動化が図られている。

・不動産証券化を推進する。証券化された不動産商品にかんする普及・啓発活動を実施。インデックスやデータベースの整備を促進して、投資家への情報提供を充実させる。
・マンション建て替えの円滑化を図るため、建て替えの決議要件の合理化を行う（法律改正）。
・既存オフィスビルの住宅への転用を促進する。ファミリー向け都市型賃貸住宅への転用を助成する。
・住宅の品質を確保すべく、既存住宅を評価する住宅性能評価機関の指定を行う。

労働と同様に、土地も用途が変われば需要が見越せると言われ、マンションの建て替えや既存オフィスビルの住宅への転用、不動産の証券化が図られている。けれども土地の場合にはそれ以上のことが構想されている。「都市再生」だ。

「再生」というからには、古いものを知恵を働かせて生かすのかというと、そうではない。古いものは取り壊す、土建屋的な「再開発」事業のことである。「改革加速のための総合対応策」は、

「都市再生に向けた諸施策を推進することにより、民間の資金やノウハウ等を活用し、新たな民間投資や消費を喚起するとともに、資産市場の活性化を通じて不良債権問題の解消を促す」と述べている。再開発すれば消費や投資が伸びるというのは、万博やオリンピックを誘致すれば景気がよくなると考える従来型の能天気なイベント行政の発想だが、「対策」はその効果に疑いをはさむ様子もなく、こう列挙するのだ。

・都市再生特別措置法にもとづき、全国で四四カ所の都市再生緊急整備地域を指定する。民間事業投資額は約七兆円、生産誘発効果等を含めた経済波及効果額は約二〇兆円と試算される。今後は指定地域について、民間都市開発投資の促進に向けて支援を行う。
・住宅金融公庫による都市居住再生融資および市街地再開発等融資。
・日本政策投資銀行による都市再生関連融資の拡充。
・都市基盤整備公団の土地有効利用事業の実施。
・都市再生プロジェクトの推進。羽田空港の再拡張・国際定期便の就航、成田高速鉄道等の整備など。災害時に大きな被害が想定される密集市街地の整備、電線類の地中化の推進。高齢者・身体障害者等が円滑に利用できる建築物の建築促進。水辺都市再生の推進。

こうした指針を背景に、現在、東京の景観が激変しつつある。超高層ビルが恐ろしい勢いで建設されているのだ。二〇〇三年四月現在、電通ビルなどが建った汐留《しおどめ》地区では一三棟、品川駅東口で七棟、東品川で九棟、六本木に一棟が建設中である。新宿西口の高層ビル群においてすら、一〇棟を超えるのに一〇年以上かかったことを思えば、ピッチの速さが際だっている（注16）。

不良債権処理問題ではゼネコンが構造不況業種のごとく言われ、流通などでは売り場面積のリストラが終わっていないだけに、これはいかにも前言に矛盾する奇異な現象ではある。建設する側は、バブル末期に売りに出された汐留・品川駅東口などの好立地地区での工事がたまたま現在完成しつつあるだけだ、としているのだが。

だが「都市再生」にかんする政府案にしても、公共投資と規制緩和で再開発ラッシュを促進しようというものであることは間違いない。神楽坂や谷中にも高層マンションが建ち始め、景色が一変すると懸念されているが、こうした懸念とは対照的に、政府はピカピカの目新しいビルを建てて客を呼ぶことをもって都市の再生と呼んでいるのである。

ここで土地は、あくまで短期的な収益性により良否を評価され、基本的にオフィスの生産性やビル新築から派生するオフィス用品への需要に期待がかけられている。原宿のシンボルである同潤館アパートを改築するのではなく取り壊せば、いかに著名な建築家がその後の建築を引き受けようとも原宿は原宿としての連続性を失ってしまう。町のシンボルであることは、町全体に潤《うるお》いや収益を与えている。それにもかかわらず、単体として短期的に収益を上げない建築物は、「不良」なものとみなされるわけだ。

(8)不動産についても、利用方法のミスマッチが都市経済を不活発にしている。土地を流動化させて新たな用途に用い、また大規模な再開発を施せば、需要も喚起される。

間接金融への依存

家計の保有する金融資産の総額は約一四〇〇兆円と言われている(注17)。日本では家計資産に占める現金・預金など安全資産の割合が上昇しており、二〇〇一年度末で五四・四%と、一〇年前から一〇%近く増えている。安全資産への偏《かたよ》りが顕著で、市場リスクをともなう債券、株式や投資信託などリスク資産の構成比は一三・二%にまで低下している。リスク資産の構成比は、五五・五%のアメリカはもとよりドイツと比較しても低く、かつては日本と同水準だったドイツでは、株式浸透策等により九〇年代後半に三七・一%と上昇している。

企業の側はどうか。高度成長期に形成された日本型経済システムの中核には間接・相対型金融が据えられてきた。企業は銀行借り入れに依存して設備投資を行ってきたが、すでにそのうち大企業は、石油危機以降の一九七〇年代から大きくその行動を変えている。銀行の支配を脱するべく、設備投資は企業の内部資金でまかない、さらに資金の余裕があると、債務の返済を進め、有利な資金運用先を求めて行動し始めたのである。優良企業の「銀行離れ」である。

企業は株式については発行に際し担保を差し出す必要がないので、実物資産が少なくても資金調達でき、しかも銀行から経営にかんして口出し（企業統治）されないという利点がある。収益性が高く成長している企業にとってはそれだけ有用で、そのせいで優良大企業の銀行離れが生じたのだ。

けれども日本の企業は数の上では中小企業が九九％を占め、そのせいで、全体としてはいまなお日本企業は、間接金融への依存度が高い。借り入れの比率が三八・七％と高いのに対して、株式・出資金および債券等の比率は四〇・八％と低くなっている。アメリカでは対照的に借り入れが一四・一％と低く、株式・出資金および債券などが六五・八％と高い。ドイツでもそれぞれ三七・六％、五〇・二％であり、借り入れはほぼ同じだが直接金融の比率が一〇％近く日本よりも高い。中小企業のなかにも直接金融を求める傾きがあるものの、なにより実績に乏しい中小企業では業績の評価が困難であるため、直接金融市場での評価が厳しく、また企業の側でも直接金融を利用するには情報開示をしなければならないが、それを負担と感じているようだ。

その結果、資金を供給する家計と需要する企業の間をつなぐパイプとして、銀行を中心とする間接金融以外に直接金融というもう一本の柱が育っていない。そこで政府は証券市場を育てようと、九七年に始まったいわゆる日本版金融ビッグバンの流れのなかで整備・拡充を進めてきたが、いまひとつ厚い投資家層を築けないでいる。

日本型経済システム解体③――直接金融化

構造改革論は、なぜ直接金融化を好ましく考えるのだろうか。内閣府は、「低成長の時代になり、様々なリスクにさらされる経済にあっては、間接金融だけに依存するのでは資金配分が硬直化し、効率性が低下するという問題を抱え、今後の経済成長を制約する可能性がある。このため、不確実性の高まりに対応しうる、間接金融と直接金融のバランスのとれた金融システムへの移行は喫緊《きっきん》の課題」と言っている（注18）。それ以上は詳細に述べてはいないが、次のような理由を想定しているのではないか。

間接金融では、金融仲介機関が資金需要者である企業からリスク資産を引き受け、一方で安全資産を発行する。構造改革の論理から言えば、収益性の高い事業を新規に確保し、そこに資金や人材を流し込むことが必要である。収益性の高い新規事業の開発は、リスクをともなう。そして生産にともなって生じるリスクは、銀行を中心とする金融仲介機関が、企業に還流させたり家計に波及させたりしないよう、緩和する役割を果たしている。けれども間接金融が偏重されると、バブル崩壊のような資産価格の長期的下落や産業構造の変化など予想されぬショックが起きたときには、銀行などに不良債権の累積というかたちで負担が集中し、のみならず金融危機にまで発展する可能性が高まってしまう。そのショックを緩和する金融システムとして、直接金融というもう一本の柱を確立しようというわけである。けれどもそれは、相当に困難であるようだ。

資金需要の側について言えば、とくに中小企業やベンチャー企業が直接金融市場にアクセスできていない。そこで一部の優良中小企業にかんしては、ＩＰＯ（株式新規公開）市場やベンチャー・キャピタルを利用したファイナンスへの支援が進められている。

資金提供者である家計については、間接金融では相対の取引で事業のリスクにかんする具体的な情報がやりとりされているが、それは公表されるものではない。直接金融の場合には参加者の誰もが市場で情報を得ることができなければならないから、政府の案では、ディスクロージャー（情報公開）をさらに進めて透明性を確保し、さらにそれを評価する中立的な機関を設けたり、市場監視機能を充実させるといった策が提唱されている。また老人マル優のような預貯金優遇制度が存在することも、間接金融の優位にかかわっているから、廃止が要求されよう。

株式投資単位が大きいため少額の投資が行いにくかったことや、決済機能がともなうような利便性の高い投資商品がなかったこと、手数料が高すぎてそれを超える収益を上げる投資信託がほとんどないことなども一般家計が投資に二の足を踏む理由となっている（注19）。家計が購入しやすい金融商品の開発が求められる。『報告』は、「新しい金融商品や多様な販売チャネルの開発・提供、確定拠出型年金の普及や投資アドバイス業務の育成が重要」と述べている。

このように構造改革論すなわち政府は、ディスクロージャーを進めてリスク性の資産について情報を公開することで市場を整備し、そのなかで商品の多様性を広げれば、家計はローリスク・ローリターンの銀行預金からハイリスク・ハイリターンの直接金融へと資産の持ち替えを進めるだろうと予測している。それを合理的な資産構成と考えているからだ。つまりここでも、市場が完備されていないことが家計に選択のゆがみをもたらした原因とされているのである。

けれども、家計の現状は、本当にローリスクなのだろうか。現時点で保有する資産の内訳だけに注目すれば、そう見えるだろう。しかし生涯にわたる収入と支出にも目を向ければ、以前に比して雇用や年金、社会保障などが大幅にハイリスク化している。そのことも考慮するならば、ローリスク資産である現金や預金に家計の資産保有が偏《かたよ》るのはむしろ当然と言えよう。

(9)ベンチャー企業を創始したり技術革新を進めるにはリスク負担を分散することが求められるが、日本では間接金融が大勢を占め、家計もローリスクの資産を偏重している。個人資産をリスクマネーに移すために、直接金融市場を育てる必要がある。

ずさんな需要創出論

総需要に占める割合が大きい個人消費が依然として低迷している。投資も低調であるため、輸出頼りでしか総需要が維持できていないというのが日本経済の実情だ。総供給に比して総需要が不足しているのである。ところが構造改革論を支える潜在成長率の議論では、供給側をいかにして強化するのかが成長率引き上げの要点だとされている。需要が供給に比して不足しているというのに、対策として供給を伸ばすというのはどう控えめに見ても倒錯した主張で、構造改革論が一般国民から見ていかにも胡散臭《うさんくさ》く思われる第一の理由はここにある。

政府は、こう宣言する。「構造改革は、供給側を強化する政策であるので、構造改革によって需給ギャップだけが拡大してしまい、実際の経済成長には結びつかないと批判されることがある。しかし、必ずしもそのように考える必要はない。なぜなら、構造改革は、供給側を主として意識した政策ではあるが、同時に新たな需要を喚起することにもつながるからである」（注20）。その理由は、以下のように述べられる。

・規制改革によって、民間部門には新しいビジネス・チャンスが生まれる。チャンスを積極的に捉えていこうとする企業活動は、設備投資や雇用を増加させる。
・「構造改革特区」を導入し、構造改革の成功モデルが現れるようにする。それが構造改革への不安を取り除き、チャレンジ精神を呼び起こす。
・不良債権の処理が進むと低生産性部門に固定されていた資金がより生産性の高い部門に回る。
・都市再生プロジェクトは公共投資の拡大であり、民間投資も誘発する。
・財政や社会保障制度の構造改革は、一方では財政支出の削減、社会保障給付の引き下げ、公的負担の引き上げなどによって需要を抑制する面があるが、他方で将来に対する不安を解消し不確実性を減少させるから、個人消費の増加要因となる。
・将来の期待成長率が上昇すれば、それにともなって、企業や家計の支出行動が喚起される。

だがこうした文言を読んで、「では明日から消費を増やそう」と考える家計があるものだろうか。ここで謳《うた》われていることは、構造改革で新たなヒット製品が生み出され、消費が伸びたら景気が良くなり経済成長が起きると予想されるから（そう予想するのは構造改革論者だから、国民は皆、構造改革論の信者であると前提されているのだろう）、その予想にもとづいてさらに消費や投資が伸びるという何段重ねかの皮算用である。

しかも、どのような分野に潜在需要が存在しているのかを政府が予見しうるとも考えているようだ。内閣府の産業構造改革・雇用対策本部は二〇〇一年五月、『五三〇万人雇用創出計画』を発表した。これは「骨太方針」と呼ばれ、のちの「基本方針」に継承されている（注21）。サービス雇用の増大傾向は「先進成熟国の歴史法則」とされ、そのうえでコンシェルジェ（なんでもサービス）、ライフモビ（共同自家用運転手産業）、社会人向け教育サービス、企業・自治体向けサービス（データ管理専門サービス、人材サービス）、住宅関連サービス（家の性能評価の義務化、売買価格の公開、資材や工法の標準化）、子育てサービス（学童放課後クラブ）、高齢者ケアサービス（公設民営型良質ケアハウス増開設）、医療サービス、リーガルサービス、環境サービスの一〇分野において、「五年間で五三〇万人の雇用創出が期待できる」と試算したのである。こうした甘い試算を行った企業こそが不良債権を累積させたのは記憶に新しいが、政府もそれを反復しようというわけだ。ちなみにＩＴは以前は雇用創出の最大要因に挙げられていたが、さすがにＩＴバブルの崩壊とともに言及されなくなった。

だが、そもそも構造改革論の論理では、新たにヒット商品が出てくると、かつての売れ筋商品が淘汰されるはずであろう。それゆえに淘汰された産業から新規ヒット産業に生産要素を移動させねばならないとされたのである。つまりヒット商品が開発されたとしても、それは需要項目内の入れ替えにすぎず、「新たな需要を喚起する」ことにはつながらないはずである。それは総需要を増やして需給ギャップを縮小することの説明にはまったくなっていないのだ。

セーフティ・ネットへの誤解

むしろマクロ的な需給ギャップにかかわるのは、セーフティ・ネット論だろう。

一般には、構造改革とは中央の公共部門のリストラのことだ、と理解されている。「民間でできることは民間に、地方でできることは地方に」というように、中央官庁や特殊法人に集中していた権力を規制緩和によって解体する。民間や地方自治体、NPOの方が効率的なら、そちらに任せようという方針である。これは国の財政を効率化しようという発想であるが、別の観点から理解することもできる。国の社会資本整備や社会保障制度を、たんに国家が福祉として行うのではなく、セーフティ・ネットとして再編するというものだ。

セーフティ・ネットという言葉が不確実性から人々を守る制度という程度のことを意味するものとすれば、日本型経済システムもまたセーフティ・ネットだったと言ってよい。企業における日本的経営は雇用を護《まも》ったし、企業を倒産の危機から救うのがメインバンク制であった。また金融機関を破綻させないのが護送船団方式である。さらに経済全体に有効需要をもたらしたのは政府による財政出動であった。これらはすべてが絡み合いながら、それぞれの経済主体を安心させ、その範囲で冒険に乗り出させたのである。

ところが政府が今回持ち出しているセーフティ・ネットは、そうした日本型経済システムが解体された後に国民を安心させるようなものだという。それに当たるものとしては、平成一五年度版『報告』では、医療保険、年金保険、介護保険等が挙げられている。だがそれ以上に注目されるのは、次のくだりである。

それと同時に、自己責任原則に対応して、経済的な不確実性に備えたセーフティーネットの整備も必要である。例えば、労働力の流動化が進むなかで、離職や転職の可能性が多くなるが、その結果、一時的に収入の道を閉ざされた労働者に対しては、失業状態から脱却しようとする自助努力を前提としつつ、その脱却促進も含めたセーフティーネットは重要である。

また、市場における競争が有効であるためには、活発な参入と退出が確保されていなければならない。しかし、退出に伴う経済的な損失が非常に大きい場合、それはその者の再起を不可能にする可能性が高い。このことは、逆に参入そのものを躊躇《ちゅうちょ》させる要因となり得る。このような退出者に対するセーフティーネットが整備されることも必要である。

ここでは、企業や政府が組織ないし社会として家計や企業といった個々の経済主体を扶助するというのではなく、あくまで自助努力で市場に参加することに主眼が置かれている。労働者にとっては、公的な職業訓練や就職情報が与えられることは、生涯にわたる仕事のキャリアを形成するうえで有益ではあるだろう。こうしたセーフティ・ネットは、労働者が市場で「雇用される能力」（エンプロイアビリティ）を高める。けれども様々な保険と転職のための制度が完備されただけで、労働者が安心して消費し始めるかとなると、話は別だろう。

もし仮に構造改革論の想定とは異なり、総供給が総需要を上回るなら、個人としてどんなに努力しようとも、マクロ経済的な要因によって失業することがありうるからだ。ということは、セーフティ・ネットを準備するだけで消費が喚起されるには、市場の需給が長期的には均衡するという新古典派の信念が国民に共有されていなければならない。これは社会心理すなわち気分の問題である。そしてリストラや再就職難の情報がマスコミに毎日のように報道されていては、そうした信念が共有されるとは簡単には言えないだろう。以上をまとめると、こうなる。

(10)構造改革は供給を強化するが、規制改革や構造特区での実験、財政改革による将来不安の除去、都市再生などにより、需要も十分に喚起する。加えてセーフティ・ネットには、医療保険、年金保険、介護保険などとともに、雇用にかんして転職を容易にし市場で需要され雇用される能力を高める制度なども含まれる。それはたんなる相互扶助ではなく自己責任原則と両立するものでなければならず、家計が安心して消費することをうながすのに役立つ。

エコノミストの最後の切り札――デフレ論

九〇年代から顕在化していたデフレは、いよいよ日本経済に定着した観がある。これについて政府は平成一三年度版『報告』ですでに詳細に分析している。それによるとデフレの原因は、

①中国などからの安い輸入品の増大など、供給面の構造要因
②景気の弱さからくる需要要因
③銀行貸し出しの減少とそれゆえのマネーサプライの伸び悩み

となっている。これはなるほどその通りだろう。またその日本経済への悪影響は、

a企業、とくに過剰債務を抱えた企業にとって、デフレは実質債務負担を増加させ、新規設備投資を抑制する要因となる。
b物価が下落する一方、名目金利や名目賃金がそれほど下がらない場合、実質金利や実質賃金が上昇し、企業にとって収益を圧迫し投資を抑制する要因になる。

とされている。つまり、デフレは企業にとって実質的に債務増や収益圧迫の原因となるため主に投資意欲を減退させる、というのである。けれどもこれは理屈からそうした可能性があるというだけ

で、債務増や収益圧迫と投資抑制がどのような関係にあるのか、経営者への聞き取りなどの実証結果が示されてはいない。

ともかく政府はデフレが日本経済をむしばんでいると言うのだが、そうした懸念から（日銀とは別に）政府は政策対応として、「長期国債の買い切りオペのさらなる増額等（さらなる量的緩和）」および「中長期的な物価上昇率の目標を定める「物価安定数値目標」の導入」の二つを挙げている。すなわち通貨供給を量的に増やし、日銀がデフレ撲滅《ぼくめつ》に最大限努力する姿勢を示すことで、デフレ期待は払拭《ふっしょく》でき、通貨膨張を通じてインフレ（リフレーション）が実現するというのだ。インフレ率数値目標を宣言して金融緩和すれば、国民はそれを信じてモノを買い、結果的にインフレが実現するという理屈である。

日銀が努力すれば国民はデフレは終息すると信じるというのだが、これについてはそう述べるだけで何の理由も示されていない。そのためには量的な金融緩和が実現し、しかも人々が得た貨幣でモノを買い、それが物価上昇につながるという貨幣数量説が成り立っていることを国民が信じていなければならないだろう。しかし貨幣数量説は、経済学者ですら不況時にもそれが成立するか否かについては意見が一致していないのだ。それにもかかわらず勝手に「おまえたちは信じるはずだ」と断言されてしまった国民は、呆気《あっけ》にとられるのではないか。とにかくデフレは悪であり、それを撲滅するために金融緩和をフル活用することが焦眉《しょうび》の課題とされているのである。

デフレ害悪論については、企業の投資や家計の消費がなぜここまで伸びないのか新古典派経済学の理屈では説明がつかないため、無理に案出されたという気配がある。金利をいくら下げても新規設備投資が増えないということは、投資が金利と負の関数関係にあるという投資論が反証されたことを意味しているし、いくどか所得が回復した時期にも消費が期待されたほど伸びなかったことも、消費が所得と正の関数関係にあるという消費論の反証となってしまう。そこで、デフレだから投資や消費が低迷しているという仮説が持ち出されたのである。新古典派では、貨幣は交換してモノを消費する媒介にすぎないと考えるから、長期間モノを買わずにお金をためるというのは、デフレ以外では説明がつかない現象だ。デフレ批判は日本経済についての分析というよりも、構造改革論がよって立つ新古典派経済学にとって最後の切り札となる主張なのだ。

(11)デフレが定着しているが、それは投資や融資の低迷の原因となっている。日銀には、より一層の量的金融緩和や「物価安定数値目標」を宣言することが求められる。

以上、構造改革論の主立った主張を11にまとめてみた。これは政府が総力をあげて分析した結果ではあるが、こと不況対策としては一般常識からして理解しがたい主張にとりつかれているという印象がある。供給過剰こそが不況を呼んでいるのに供給を強化するとか、インフレ率は政府―日銀が操作できるとか、規制緩和して市場に従えと言いながら銀行などをすべて国有化せんばかりだったりしている。というのもこれらは暗黙の仮定をいくつか置いているからで、それらは経済学の主流派である新古典派においては疑いの余地のない真理として奉られているため、くだくだしく説明がなされない。説明を求めても経済学に無知なものとして冷たい視線を投げかけられるだけである。けれども科学の要件が反駁《はんばく》にさらされることだとすれば、反駁不能な論は非科学的であるし、さらに言えば現在の日本ではまさにそれらの前提の妥当性にかんして問題が起きているのである。

次章では、そうした解釈を前提にまでさかのぼって批判し、日本経済にかんして別の角度から解釈を行ってみたい。

第二章

日本の経済社会に何が起きているのか

——長期不況論

1983年 丸の内

1　消費不況という奇妙な現象

軽視される消費不況

第一章では、構造改革論の主張を(1)から(11)までにまとめてみた。それらが成り立っており、構造改革が着実に進んでいるならば、現実には次のような成果が表れるはずである。

銀行の不良債権処理を促進することで、収益率の低い分野に滞っている労働・土地・資本という生産要素が流動化する。さらに護送船団方式や日本的経営などの「構造」を解体し、土地についての規制を緩和し、直接金融市場を育てれば、失業はなくなり土地も塩漬け状態から、有効利用に回され、資産はリスク性の投資に向かっていく。一方で需要も喚起され、収益率の高い産業が生じると生産要素はそちらに吸収される。それは市場任せでは成し遂げられないことだから、政府が強権を発動すべきである。それにより日本経済は政府が認定する実力である「潜在成長率」を達成し、市場は長期の均衡状態に落ち着く。短期的にはデフレが生じているが、それは金融緩和とインフレ目標を設定することで解消される。消費や投資が伸びるからだ。

ここには、一方で新たな需要を生み出すための企業家精神にもとづくチャレンジが活発に起き、他方で失敗した企業が淘汰・清算され退場していく新陳代謝こそが資本主義なのだというイメージが打ち出されている。元になっているのは、オーストリアの経済学者J・A・シュムペーター(Schumpeter, Joseph Alois)の創造的破壊にかんする理論だろう(注一)。そして日本の市場経済が健全かどうかは「潜在成長率」の達成度で測られ、不健全と判断されれば政府が介入して淘汰を押し進めてゆくという。さらに微調整は金融政策が担当する。

こうした見通しは予言であるから、現実によってチェックされなければならない。そしてその「現実」のなかで一般的に報じられていることについては、第一章1節で九〇年代以降の経済政策とともに記しておいた。けれどもあまり強く指摘されることはないが、それらとは異なる現実が市場を徘徊《はいかい》しつつある。それはどのようなことか。

まず、護送船団方式は、九七年の山一証券自主廃業や中小金融機関の倒産の多さに象徴されるように、解体されたと言えるだろう。日本的経営についても、リストラが常態化していることから、終身雇用制は相当に揺らいでいる。都市再生政策を通じて都市計画法にもとづく規制が一部緩和されたために、六本木や汐留などでは大規模な再開発が起きている。これらは、政府および財界・金融界が制度の解体と不良債権処理のかたちで構造改革を進めていることの証《あかし》である。ところがこのような構造改革の進展につれ、奇妙な現象が目につくようになった。それは九七年以降の個人消費の低迷にかんするもので、せいぜい「投資に回復の兆しが見えてもなかなか個人消費に火がつくところまではいかない」といったふうにしか注目されてこなかった現象である。

それはマスコミでは、「**消費不況**」と呼ばれてきた。けれどもそれについて触れるときの語気が微妙に弱いことを不審に思う読者は多いのではないだろうか。というのも、一般社会では商品が売れないことこそが不況であり、それが企業関係者にとっての苦境だからだ。

マクロ経済学では、一年間の総需要額は、個人消費（C）＋民間（p）および公共（g）の投資（I）＋政府支出(G)＋輸出(X)－輸入(M)から成っており、その各項目は、一国の総供給額（GDP：国内総生産）がどのような財もしくはサービスとして最終的に買われたかの名目である。総需要が総供給よりも不足すれば不況になる。ところが構造改革を唱える経済政策担当者は、なぜか需要ではなく総供給の不足とその回復を強調している。また総需要の刺激を唱える人でも、財政出動による不況対策を唱える人は公共投資の拡張を求める。ゼロ金利政策やデフレ対策を唱えて不良債権処理のみを強調する構造改革派とは微妙に対立する論者（注2）も、もっぱら民間投資の不足に注目している。彼らに比して消費の不足が不況の主たる原因だというエコノミストはほとんどいないに等しく、せいぜい消費を喚起するために税制を変えたり減税したりするというのが関の山となっている。つまり大半のエコノミストにとっては、憂慮すべき「現実」とは、供給の成長率の低下であり、公共投資の不足であり、民間投資の不振であった。ここでなぜか無視されているのが、GDPの約六割を占める消費である。

しかし、不況とは総需要（C＋I＋G＋X－M）の不足のことだとすれば、それが不足する理由として個人消費（C）に注目するのは自然だし、常識的ではないか。その意味で、エコノミストは一般常識からはひどく離れた議論をしていることになる。ではエコノミストたちは、なぜ揃ってそのように常識はずれの議論を展開するのか。それには、常識としては知られていないが、エコノミストが暗黙の前提としていることがある。

なぜ、個人消費は注目されないのか

不況とは経済全体で最大限生産可能な総供給に対し総需要が不足している状態を指し、このとき売れ残りや非自発的失業、企業の倒産などが発生する。戦後の日本経済は、逆に総需要の項目のうちいずれかが大きかったために成長を遂げた。高度成長期には民間投資が好調、七〇年代後半の安定成長期には福祉国家化が進んで政府支出が突出し、八〇年代半ばには純輸出が大きくなって経済摩擦を引き起こした。

総需要のなかでも個人消費は約六割を占め、絶対額が大きいためその増減は総需要の動向に大きく影響する。にもかかわらず、不思議なことに戦後日本経済において消費の減退が不況の原因となる「消費不況」は生じなかった。これには、個人消費の持つ性質がかかわっている。

第一に、個人消費はJ・M・ケインズ（Keynes, John Maynard）以降、短期的には国民所得Yによって決まる関数だとされている（図2-1）。つまり、国民所得Yが増えれば、消費Cも増えるというわけで、両者の関係はC（Y）と表現される。ケインズは、個人消費Cを所得がなくても消費しようとする基礎消費C_0と国民所得Yに比例する部分のc_1Yとの和からなると考えた（c_1は、所得が一円増えればそのうちいくら消費するかという比率で、限界消費性向と呼ばれる）。そして多くのデー

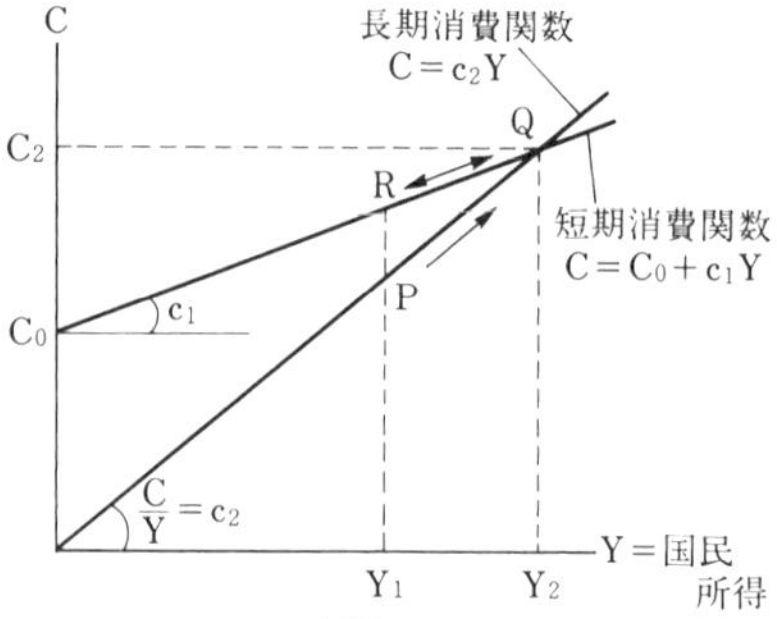

図2-1

タにより、限界消費性向c_1の大きさが0と1の間にあり、消費の主要な決定要因が所得であることが確認されたのである。

ケインズ型の消費関数によれば、時間の経過とともに所得が増大すると、原点と消費額を結ぶ平均消費性向（C／Y）は小さくなる。けれどもケインズ以降の調査では、長期において所得の上昇と平均消費性向の下落には、有意な相関は見出されなかった。しかも統計学者のS・クズネッツ（Kuznets, Simon）は一八六九年に遡《さかのぼ》ってデータを検討し、長期的な所得の向上にもかかわらず平均消費性向が安定的なc_2であることを見出した。そこでケインズの消費関数と平均消費性向の安定性というクズネッツの発見を無理なく説明することが求められ、ケインズ型を短期消費関数と呼び、原点から出発（基礎消費C_0が0）し限界消費性向と平均消費性向が等しくなる直線を長期消費関数と呼んで、両者を区別することになったのである。

ここで、短期においては個人消費Cは国民所得Yの関数C＝C（Y）だということがエコノミストに共有される知識となった。そこで、ケインズの有効需要の原理が正しいとすれば、Y＝C（Y）＋I＋G＋X－Mという式から国民所得Yが決まる。ところが消費関数によるとYはCを決めるので、Cの増減はYの大小（好不況）の原因ではなく結果ということになる。それゆえに消費は

Yの低迷たる不況の原因ではなく結果だと考えられるようになったのである。消費が不況の結果ならば、それが消費不況というかたちで落ち込むのはいわば当然で、個人消費以外に不況の原因は求められねばならないし、景気対策としても個人消費以外の項目の拡大を目指さねばならず、対処した結果として景気が回復すれば消費も拡大することになる。

消費は景気と反比例する——ラチェット効果

個人消費の持つ第二の性質として、個人消費は短期的には国民所得Yの影響を強く受け、C(Y)という関数で表現できるが、この消費関数は安定的とされている。それに比して民間投資Ipはあまりにも不安定である。その対照は図1-1（二〇ページ）に示されている。したがって景気を不安定化させる原因となっているのは、いかにも民間投資Ipであるように見える。

そして第三に、景気が悪化し所得が減退しても消費への支出はさほど低下せず、それに比して所得が伸びたときに消費の増加割合は大きくなる傾向がある。これを経済学者のJ・S・デューゼンベリー（Duesenberry, James Stemble）は、今期の消費は今期の所得だけに依存するのではなく過去の所得、特に過去の最高所得にも依存するという理由から説明した。これを長期と短期の消費関数で見てみると（図2-1）、好景気で今期の所得Y_2が過去最高所得Y_1を上回っているとき、P点からQ点へと消費額は長期消費に沿って移動するが、不景気で今期の所得Y_1が低下し、過去最高所得Y_2よりも小さくなるときには過去最高額の消費を忘れることができず、今期の消費は短期消費関数に沿って急激に低下せずにQ点からR点へと緩やかに低下してゆく。このように、人が過去最高の生活習慣を急には変えられないため所得が減ってもさほど消費を減らさないなら、個人消費のこうした傾向は景気悪化に対して歯止めとなる。これを「**ラチェット**（＝歯止め）**効果**」と呼ぶ。過去の消費のうち減らしがたい部分が生活必需品であるが、ラチェット効果については、さらに階級制度のなくなった社会において消費活動を見せびらかすことで社会的ステータスを表現するという点からも説明できる。消費は所属したり目標としたりする社会階層の消費習慣に強く依存するために、消費水準を下げることは自分のステータスが下がったことを自認することとなるため抵抗を呼ぶからだ。

いずれにせよ、景気が悪化したときでも消費は所得ほどには落ち込まず、景気を下支えするとされてきたのである。

ラチェット効果が消えた

このように、不況の原因として消費（C）があまり注目されなかったのは、消費低迷が不況の原因ではなく結果であるのみならず、ラチェット効果が存在するために、消費が景気悪化を防ぐ安定剤の役割を果たすものとみなされてきたからである。

それゆえ一〇年にわたる景気対策は、総需要（C＋I＋G＋X－M）のうちで純輸出（X－M）は外国との貿易で政策的に操作できないから除外するとして、民間および公共の投資（Ip＋Ig

＝I）と政府支出（G）を増やすことに関心を向けてきた。これらはいずれも、民間投資が消費に比しあまりに不安定に増減するのを政策的に補完しようという策である。

それで財政赤字により公共投資Igおよび政府支出Gを増やすという、九〇年代以降の累計で一〇〇兆円にのぼるケインズ的な景気対策が毎年継続して実施された。ところがそうした策は、好況にはつながらなかった。これはすでにアメリカなどでも七〇年代頃から確認されていた現象である。そこで金融政策が注目を浴びるようになる。これは民間投資が利子率iの関数Ip(i)だという投資関数論の考えにもとづくものである。民間投資は借金によってまかなわれるとすれば、利子率と民間投資は、利子率が上がれば民間投資は減るという具合に密接に関連しているというわけだ。そこでiを引き下げ、民間投資を増やそうというのが景気対策となったのである。こうして長らく低金利政策が実施されることになり、ゼロ金利にまで至った。ところがそれでも投資は顕著には回復しない。そこでより直接的に銀行融資を促す量的金融緩和策が採られるようになる。それでも顕著な効果がなかったため、案出されたのがデフレ論であった。

デフレ論を投資関数論に則して再述すると、Ipは正確には名目利子率iの関数ではなく、それから物価上昇率を引いた実質利子率の関数である。物価が上がると購入した民間設備投資Ipの売却可能価格も上がるのに、借金の金利は変わらず、企業にとって設備投資することがそれだけ有利になるからだ。逆に物価上昇率がデフレによってマイナスだとすると、名目利子率がゼロでも実質利子率はプラスになるから、民間投資は抑えられる。物価が下がるから投資財を買い控えた方がよ

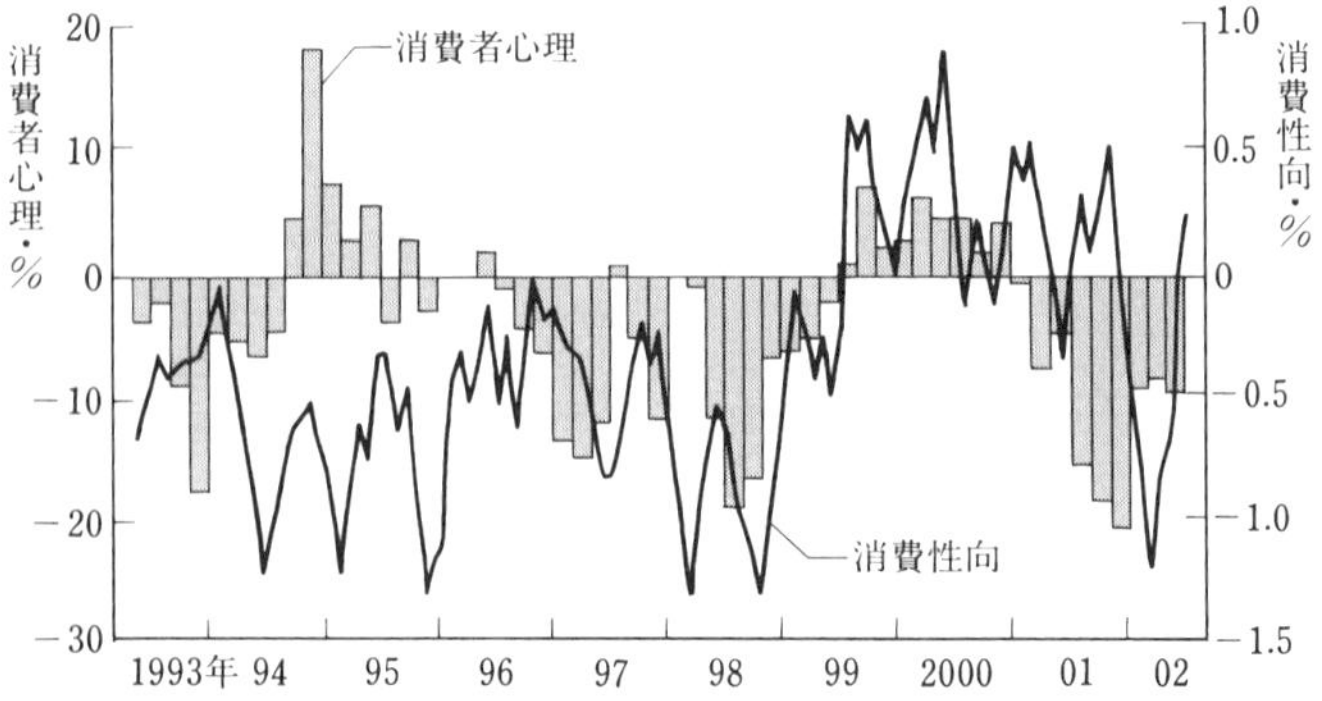

図2-2　消費者心理と消費性向の改善方向

出所：総務省、日本リサーチ総合研究所
注：消費性向は勤労者世帯（季調値）、対前年改善幅の移動平均。
消費者心理は対前年改善率

いと人々が考えたからである。同様にこの説では、デフレだと将来物価が下がるから消費についても後回しにすることになる。

こうした議論はマクロ経済学の教科書では「真理」であるかのように書かれているが、反証可能性のある仮説にすぎない。そしてその主張は、消費にかんしては短期消費関数とラチェット効果を、投資にかんしても利子の関数であることを無条件に前提としてきた。そしてラチェット効果が働くと、消費性向は景気が上向いているときに低下し、景気が下向くと上昇することになる。つまり景気動向と消費性向は、反対方向に動くはずである。

それを念頭に置いて図2-2を見ると、奇妙なことに気づく。所得はおおよそ景気すなわち消費者心理に反映されていると考えられる。図の左側の一九九六年までは、消費者心理は消費性向の伸び率とは逆向きで推移している。ところが九七年からは突然かつ顕著に逆転し、同じ向きに動くようになっているのである。これは、九六年まではラチェット効果が現れていたが、九七年を境に突如消滅したことを示しており、戦後はじめての現象だ。ラチェット効果が働いている限り消費は景気の振幅を狭めるだけだが、それと逆の現象が起きたということは、消費の減退が原因となり、景気も悪化していることを示唆している。これが本書の注目する、狭義における「消費不況」である。

この事実は、景気動向に対する個人消費の寄与度によっても確かめることができる。敗戦から九六年まで個人消費の寄与度は景気の動向と逆方向だったが、九七年以降は経済成長率と同じ方向に動くようになり、個人消費が景気の動きを増幅させている。ただし二〇〇一年からは、再び逆相関になり、ラチェット効果が復活したことがうかがわれる。けれども二〇〇二年になると、ふたたび景気が悪化するにつれ消費性向が同調して下がっている。ふたたび消費不況の兆候が表れたということだ。

消費不況ゆえの長期停滞

消費不況が起きていることに注目すると、総需要において六割の大きさを占める個人消費が不安定になるだけに、景気動向の読み方は相当に違ったものになる。景気悪化↓消費性向低下↓景気悪化↓消費性向低下……という悪循環が発生するからだ。筆者はいまや定説にように言われるようになったデフレ・スパイラルなるものが存在しているとは考えないし、かりに存在してもそれが景気にとってさほど強い悪影響を与えているとも感じない。それよりも消費不況の悪循環の方が破壊的

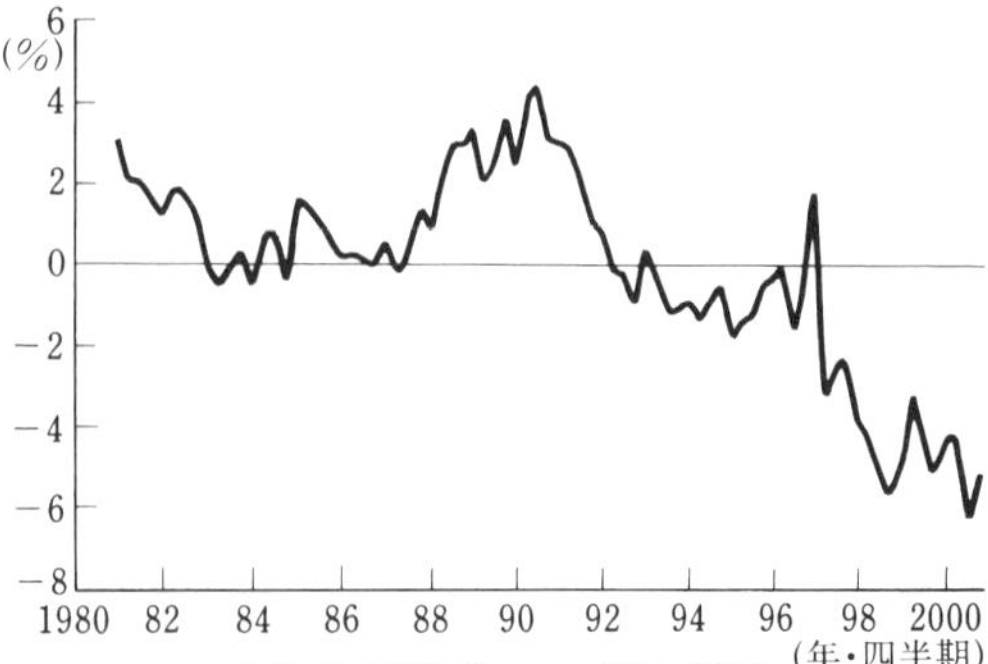

図2-3 需給ギャップ率の推移

（注）需給ギャップ率＝
（現実のGDP－潜在GDP）／潜在GDP〔すべて実質値〕
（資料）内閣府「国民経済計算」等により富士総合研究所作成
出所：富士総合研究所『2002年日本経済の進路』
（嶋中書店、2001年）

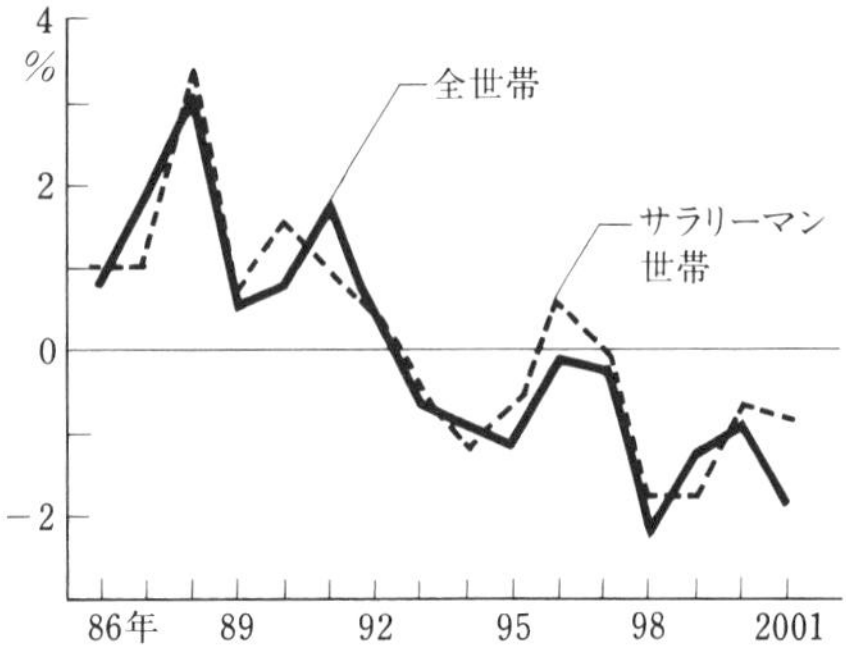

図2-4 消費支出の前年比増減率（実質）
（出所：総務省）

だと思われるからだ。

消費不況の下では、個人消費の水準が景気の良し悪しを決める重要な要因となってしまう。図2-3からも明らかなように、とりわけ九七年以降、需給ギャップ率は拡大し続けている。これはつまり需要が不足しているということだ。少なくとも九七年以降は、六年という期間、需要不足ゆえの失業が増えているのである。個人消費の動向についても図示しておこう（図2－4）。需要不足は一部は輸出によって相殺《そうさい》されてきたものの、9・11テロ以降はアメリカの消費も低迷し始め、いよいよ日本における消費と投資の停滞が目立つようになっている。

構造改革論が前提する新古典派では、短期的には民間投資の動向が景気を左右し、長期的には価格が需給を調整して、民間投資のせいで生じた需給ギャップが解消されると考えている。ところがそうした安定的な市場を背後から支える一大要因である個人消費が、不安定化しているのである。市場は長期的に不安定化する可能性があるが、それは新古典派では考慮の外にあった個人消費が不安定化することに起因しているのである。その結果、構造改革論が勝手に想定するのとは異なり、需給ギャップは消費減退によっても拡大され、長期的にも解消されず、逆に拡大しさえしている。これは短期的な投資の動向や長期的な価格による調整に注目するだけでは見えてこない現象だ。だがそれはなぜ起きたのだろうか。構造改革論が断定するように、不良債権や既存の制度のせいなのだろうか。また、消費不況ゆえに需給ギャップが拡大しているのだとすれば、これは構造改革論においては存在するはずがないとみなされている現象だ。そこからは予想外の現実が派生しているはずである。それはいったいどのようなものだろうか。

2　長費不況の原因と帰結——制度崩壊が引き起こす不安

なぜ貯蓄が増えるのか

ここまで「消費不況」を、とくに九七年以降にラチェット効果が消えた点に注目し、消費の減退が景気悪化を増幅させる現象ととらえてきた。この時期以降、企業の設備投資も同様に不振に陥っている。消費・投資ともに力強く伸びる予感を示しえないままに総需要は総供給に比して不足し、かろうじて日本経済にとっては外生的な要因である輸出が頼りとなっている状態だ。さらに毎年のように三月になると危機が予言され、激しい株価下落に見舞われている。こうした状況は、構造改革論が輝かしい理想として想定する新しい市場経済の姿とはあまりにもかけ離れているのではないか。もしくは新しい日本型市場経済への移行過程であると言い張るにしても、やはりこれは予想外の事態ではないだろうか。

この消費不況はどのような現象として現れているのか。まず総需要中の最大の項目である個人消費にかんして言うと、日本経済の消費性向（C／Y、すなわち国民所得のうち消費の占める割合）は消費不況に陥る以前から、小さすぎると言われてきた。消費C＋貯蓄S＝所得YからC／Y＋S／Y＝1となる。消費性向は1から平均貯蓄性向（S／Y、貯蓄率）を引いたものだから、それは平均貯蓄性向（貯蓄率）が過大だということでもある。

ではなぜ日本の家計貯蓄率は高いのか。それには様々な説がある（注3）。けれどもそれらに対して、さほど気にすることもないという見方が一般的であった。通常、少子高齢化社会では、貯蓄率は下がり景気を良くする傾向が見出される。というのも、高齢者は若いときの貯蓄を取り崩して生活するから若年層に比べて消費性向が高く、その人口比率が高まるなら全体としての消費性向も高まるはずだからだ。

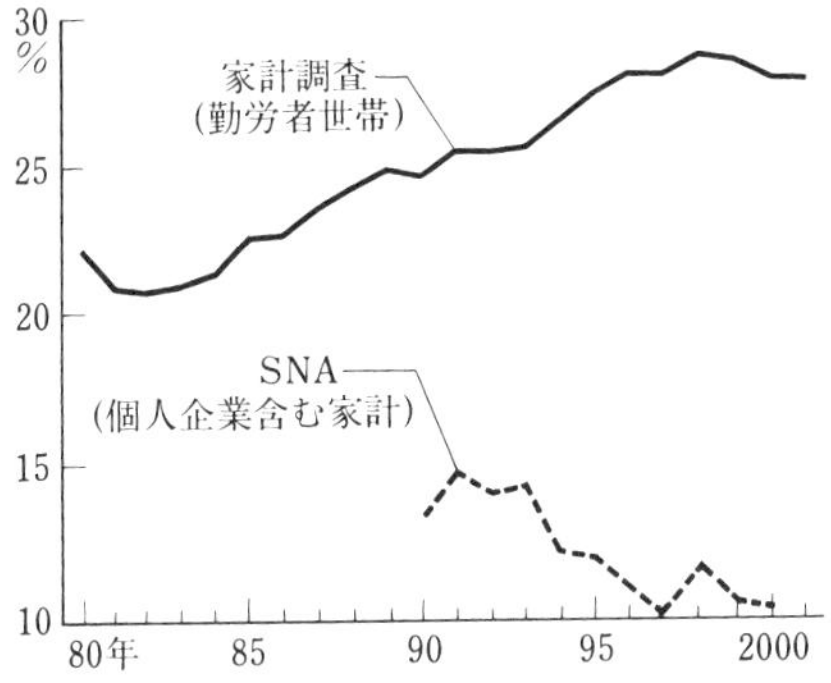

図2-5 高まる貯蓄率
（出所：総務省、内閣府）

しかし日本では、とりわけ九七年以降、そうした楽観論も吹き飛ばすような現実が生じている。九〇年代以降、勤労者世帯の貯蓄率は増え続けているが、九七年からは家計全体についても上昇した時期がある（国民経済計算＝ＳＮＡ）。これは、勤労者世帯が貯蓄率を高め、同時に高齢者も思われるほど消費していないせいである。そしてそれは消費の不振が不況を深刻化させたことを物語っている（図2-5）。ではなぜ高齢化は、消費不振をうち消すことができていないのか。

高齢者が貯蓄を取り崩すという説は、人は生涯で資産を合理的に使い果たすはずだという仮定から導かれている。これはさらに、お金は使わなければ意味がない、したがって高齢

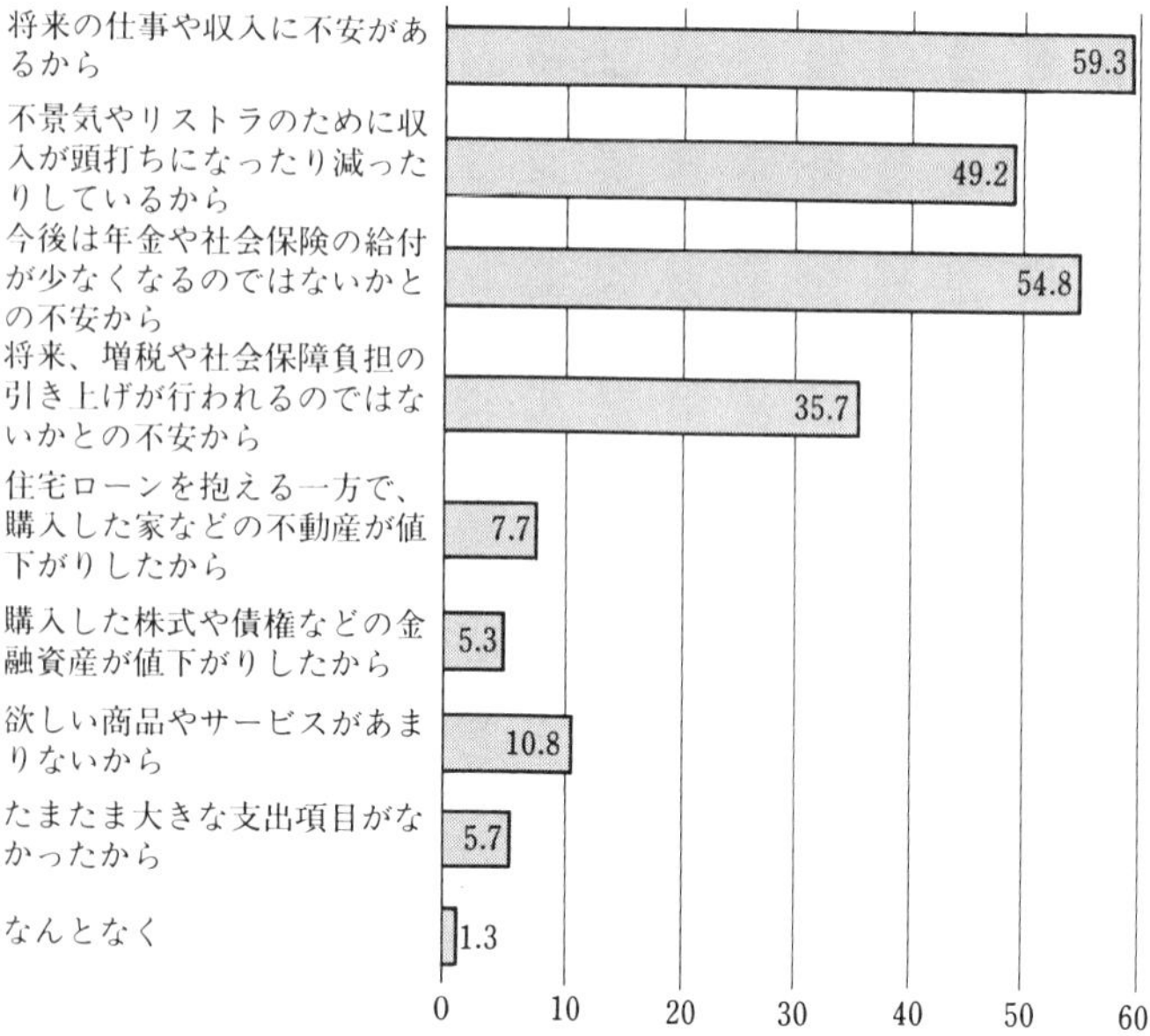

図2-6 支出を減らしている理由

出所：日本銀行「第11回生活意識に関するアンケート調査」(2000年９～10月調査)

になると人生の終わりに向けて使い切ろうとする、という前提にもとづいている。というのも、消費して満足することが家計の経済活動の最終的な目標とされているからだ。

人々が生涯で手持ちのお金を使い切るという仮定からは、長期的には消費が増え、したがってそれを見込んだ投資も増えて、需要不足による失業は解消されるという結論が得られる。金融を量的に緩和すれば投資や消費にお金が回ってものが売れ、インフレになるはずだというのも同じ理屈からくる考えである。お金をばらまけば企業や家計は必ず使うはずだと想定されているのである。けれどもこうした理屈は、現実によって反証されている。お金を持っていても使わない――図2-5で見たように、消費不況は人々のそういう行動から起きているからだ。お金を持っていても、いやあまり持たない人さえも使わずに貯金するという行動が広がって、消費不況は起きているのである。ではそれは、なぜなのか。

図2-6は、二〇〇〇年に日本銀行が支出を抑える理由を尋ねたアンケートの結果である。第一位は、「将来の仕事や収入に不安があるから」（五九・三％）である。これは勤労可能な家計において雇用そのものが不確実になっていること、つまりリストラになる可能性を感じていることを述べている。第二は「今後は年金や社会保険の給付が少なくなるのではないかとの不安から」（五四・八％）。保険や年金が将来において破綻するのではないかと取り沙汰されたことで、将来の支払いが増えることを懸念している。第三は「不景気やリストラのために収入が頭打ちになったり減ったりしているから」（四九・二％）。以前は所得が毎年のように伸びていったが、もはやそう期待できなくなり、支出計画も変更しなければならなくなったという状態を語っている。そして第四が、「将来、増税や社会保障負担の引き上げが行われるのではないかとの不安から」（三五・七％）。これも財政破綻によって将来の支出が増えることを心配してのものである。

主要なのは以上で、ここからは様々な「将来不安」が、支出減退と貯蓄増加の理由として挙げられているのを読みとることができる。これらの「不安」は、将来について計算した結果というよりも、計算できなくなったことによって生じている。高齢者は疾病《しっぺい》や介護にどれだけお金がかかるかわからず、若年層も年金制度が崩壊の危機にあると感じている。そういった不安が貯蓄を増やしているのである。

恒常所得仮説の盲点

土居丈朗の最近の実証研究（注4）は、雇用リスクの増大により将来所得が不確実になったために予備的な貯蓄が増加したことを明らかにしている。リストラされるかもしれない、次の職が見つからないかもしれないという不安から、消費が抑制されたというのだ。

土居によれば、九〇年代において貯蓄率が上昇したことは、従来は所得リスクが増大し、勤労者の将来所得期待がより不確実になってきていることにともなう予備的貯蓄動機から説明されてきた。すなわち、物価を考慮に入れ税などを差し引いた（実質）可処分所得の将来の伸び方が不確実になったため、その成長率の期待値を計算すると、個々のデータとの乖離の度合い（分散）が増大しているという意味で所得リスクが増大しており、それが貯蓄率上昇と明確な対応関係を有していたのである。

しかし、所得リスク増大と貯蓄率上昇との関係は、二回のオイルショック期を除いて、一九七六～九八年においては有意な正の相関があるものの、八六年以降を標本期間とした場合にはそのような相関は見られない。そこで、期待雇用率（有効求人倍率）の平均として定義される雇用リスクやその他の要因と貯蓄率との関連を探ると、貯蓄率と雇用リスクの間には八六年以降の標本期間においても有意の正の相関があると指摘している。

つまり九〇年代の貯蓄率上昇は、失業の可能性が増加したという雇用リスクにともなう予備的貯蓄動機にもとづくものというのだ。中高年層や低所得者の貯蓄率増大はこれによって説明できるだろう。人々が合理的でなくなったわけではない。合理的にお金の使い方を決めようにも、雇用そのものが不確実になったために、収入や支出がどれだけの水準になるかが不確定になってしまったのだ。

このことを、経済学者M・フリードマン（Friedman, Milton）の「恒常所得仮説」に即して言い換えよう（注5）。フリードマンは長期の消費関数を独自に定式化するために、生涯にわたる所得に着目した。

恒常所得とは人々が将来にわたって続くと予想する所得の部分であり、それに対して変動所得とは、永続的ではないとみなされる不規則な所得である。フリードマンは、消費が恒常所得に比例すると考えた。そして各人が予想する恒常所得に変わりのない限り、一時的に所得が減ったとしても消費は減らないと見るのである。ここでは、不況時にも消費支出がさほど減退しない理由は、デューゼンベリーの仮説のように見栄《みえ》や消費習慣によってではなく、生涯所得に変化がないことに求められている。

けれども、生涯所得を予想すればある大きさを算出する人でも、同時にそれには不確実性がともなっていると感じることはあるだろう。自分の技能がある会社でこそ重視されるものの、その技能への市場評価が低いような場合である。その人が解雇されるなら、以前の会社での所得は期待できなくなる。勤務先の企業が年功序列のルールを持っているなら、生涯所得は算出しやすくなる。能力給制に移行したとしても、その企業に勤めている限りは最低限の生涯所得は想像がつくだろう。ところが終身雇用性がなくなり雇用の保証がなくなれば、恒常所得そのものが計算できなくなる。それゆえ労働者は将来の雇用や所得を案じることとなり、現在の消費を手控える可能性がある。

日本型経済システムのメリット

そう考えれば、九七年を境に不況が深刻化したことにも説明がつく。九七年に起きた顕著な制度変化として、エコノミストは一般に消費税率の二%引き上げ、特別減税打ち切りと医療保険制度の改革に社会保障負担の増額という「九兆円の負担増」を挙げていた。経済的な事件としては五月のアジア通貨危機と一一月の短期金融市場における資金デフォルト、そしてそれが引き起こした三洋証券と拓銀の破綻、山一証券の自主廃業の金融不安、などが耳目《じもく》を集めた。金融機関による貸し渋りも目立った。けれども社会心理から言えば、「リストラ」が馘首《かくしゅ》を意味するようになったことが大きい。それまでリストラといえば企業組織全般にかかわる革新のことで、プラスの意味合いを持っていた。ところがそれが雇用における人減らしや人材の流動化を含意するように意味上の急変が起きたのである。

それ以前の「日本型経済システム」においては、大企業において終身雇用制が制度化され、中小企業においては雇用は流動的だったが、長期取引慣行によってある程度まで取引は安定していたし転勤先も同業内で確保できていた。つまり雇用の安定は、家計が長期的な生涯所得を計算するに当たって基本条件となっていたのである。しかも日本型経営においては年功賃金も制度として定着してきたから、どの企業に属しているかによって最低限の所得が保障される。企業内では激しい昇進競争が繰り広げられたが、それは最低限度以上の所得上乗せ分の獲得をめぐるものだったと言えよう。さらに言えば学歴もまた、生涯所得にかんするセーフティ・ネットとして機能した面が強い（注6）。

こうした日本的経営をコーポレート・ガバナンスの側面から支えたのが、メインバンク制度であった。メインバンクは、主要銀行として融資している企業が経営危機に陥ったとき、経営陣の刷新を指示するとともに資金供与によって支えるという統治機能を果たした。さらにそうしたメインバンク制度を金融行政の面から支えたのが、「護送船団方式」であった。経営の悪化した金融機関が生じると、大蔵省が仲介し、経営にゆとりのある大手金融機関が吸収し、損失も引き継いだ。それは必ずしも引き取った側にもマイナスではなく、業務の量的拡大に役立った。その結果、家計にとっては預金も全額保護された。つまり護送船団方式が安定していた時期には、企業や金融機関、預金が保護されていたのである。

さらに言えばケインズ型の財政政策も有効であったから、雇用は企業→銀行→官庁という組織や制度によって労働市場から隔離され安定してきたのである。「日本型経済システム」は、人々が将来を見通し、恒常所得を計算するに当たって拠り所となしうる点に特徴あるものであった。それは

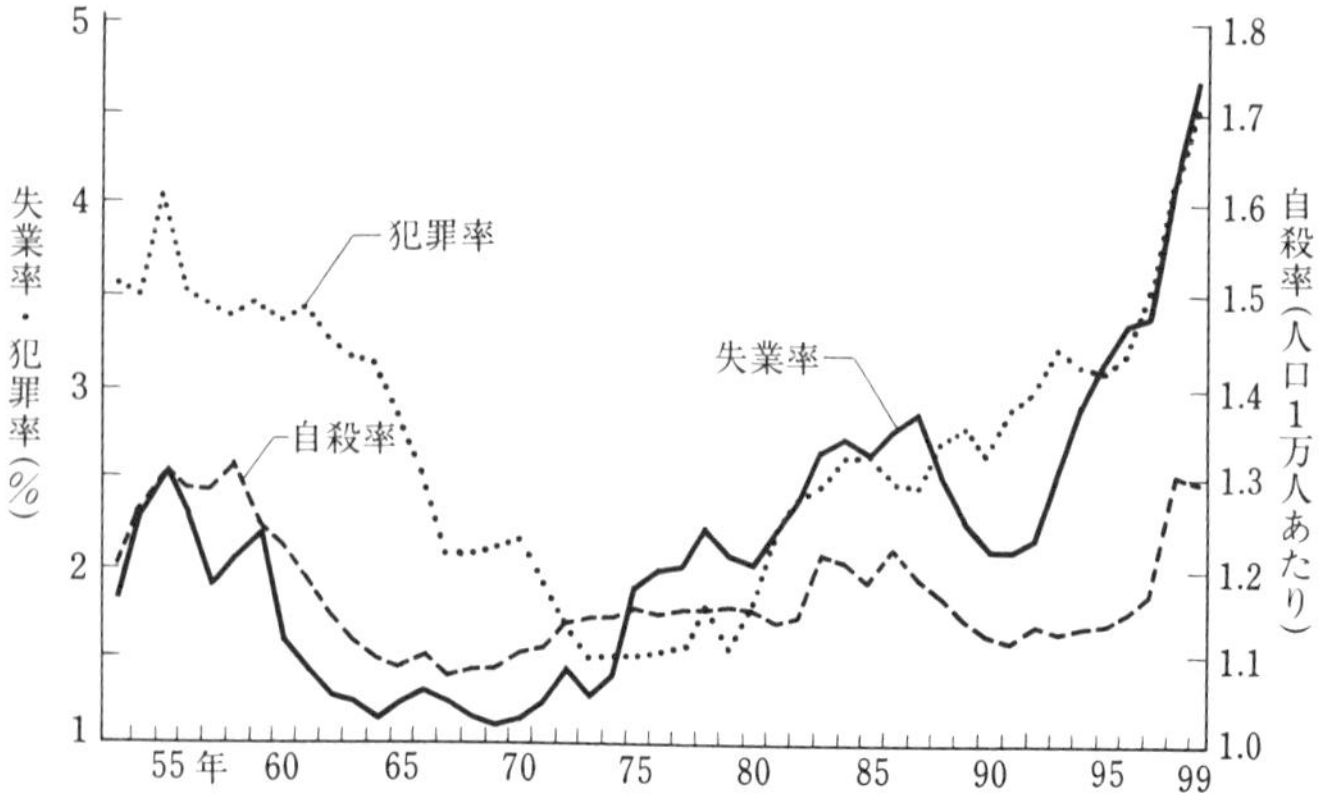

図2-7 失業率・犯罪率・自殺率の推移

資料：『労働力調査』『人口動態統計』『犯罪白書』
出所：大竹文雄「雇用不安をめぐって」『季刊家計経済研究』第48号

市場原理という点からすれば、どのような合理性があるのかはいまひとつ不明だったが、それでも無根拠であれ人々が信頼する限りでは、将来に計算可能性を与えてきたのである。

日本型経済システムがいつまで維持されるか、とりわけ各人の勤務する企業組織にかんしてはどうなのかというのは、合理的に推論するにはあまりに不確定な要素が大きい。それは「道路の通行は右側で」という規則がいつまで続くかというのと同様に、制度を設定する関係者からそれなりの情報は得ることができるにせよ、基本的には「信頼」するしかない事柄なのである。そして信頼は「気分」に左右され、普段は崩壊するなど考えもしないが、いったん悲観的になればもともとさほどの根拠があるわけでもないために、集団心理も働いて、一気に疑念へと変わってしまう。

一九九七年に何が起きたのか

一九九七年には、中小企業が資金難から次々に倒産していった。連日、経営者の自殺がマスコミで報道され、実際、東京の中央線は飛び込み自殺で連日、運行がストップした。図2-7のように、この年から中高年の自殺率が急騰している。そうした事実を目の当たりにすれば、終身雇用制が崩壊しリストラが日常のものとして定着したとみなされて当然だろう。

しかも拓銀の破綻や山一証券の廃業は、一般家計にとっては金融危機以外のことを意味していた。それらは金融機関は潰《つぶ》さないという護送船団方式を大蔵省が先頭に立って廃棄しようとしているという印象を植え付けたのである。メインバンク制が解体されれば、当然企業についても倒産が日常化する。もちろんそこで労働市場が定着していれば、雇用は流動化しても次に雇い入れてくれる職場があるだろう。ところがいまだ労働市場は未整備であり、企業は既存の雇用を守り新規雇用を抑えようとする。当然、失職した人は自分一個の雇用にかんしては絶望するだろう。そうした心理が、先の支出縮小にかんするアンケートに表れている。

九七年の特別減税打ち切りと医療保険制度の改革、社会保障負担の増額などにかんしては、直接に何兆円かの負担を増やしたことよりも、それが将来のさらなる増税や支払い保険料の増額、社会保障負担の増額などを社会心理に印象付け、将来不安を引き起こした効果が大きいのではないか。中高年にとっては雇用不安、高齢者には介護や医療への不安、若年層には年金不安が広がったことで、安全資産を保有する動機が強まり、貯蓄率が高まっていると思われるのである。それが、景気の後退にもかかわらず、1から貯蓄率を引いた消費性向が下がっていることに表れている。つまり、不安ゆえに消費を抑えるという効果が、不況期には所得減退とともに消費性向が上昇するというラチェット効果よりも強く働いたのである。

技術革新も景気回復効果なし

ところで消費不況にかんしては、とくに九七年以降のそれについて注目するのとは別の視点から注目する論者もいる。

ひとつは、消費に占める「選択的消費」の割合が高まったために必需品の割合が低下し、ラチェット効果が薄れたのだという説である(注7)。人間らしい生活を営むために最低限必要と考えられる必需的消費を所得から引いた残りが選択的消費で、生活を豊かにしたり自らの価値観にとって重要な財・サービスの消費に当たるとされている。確かに消費全体に占める選択的消費の割合は八〇年代以降四〇%を超えており、必需的消費の割合を減らしたことでラチェット効果が弱まる背景を生み出した。けれども、かといって、八〇年代からずっとラチェット効果が消えてきたわけではない。この考えでは、九七年に突如起きたラチェット効果の消失については説明できないのである。選択的消費の高まりは、狭義における消費不況の必要条件ではあっても、十分条件ではないのだ。

九〇年代以降、画期的な技術革新が減り、欲しいものがなくなったことを挙げる論者もいる(注8)。新商品に対する消費は景気を押し上げるということに注目する説で、そうした画期的な商品が減ったために消費も減ったというのである。

なるほど携帯電話のような新製品は、新たな必需品となった。けれどもそうしたヒットやブームが連続したところで、必ずしもマクロ経済が好況になるとは言えない。その理由は簡単で、携帯電話にかんしては別の商品、たとえば漫画週刊誌の売り上げが激減したことで景気押し上げ効果は相殺されたからである。日韓ワールドカップの経済効果に期待する向きもあったが、さほどの影響はなかった。また、コンビニの売り上げが伸びた分だけカラオケへの来客が減ってしまった。ようするに個別の新製品が売れたとしても、家計が予算を全体として増額しなければ、景気は上向かないのだ。図2-6では、「欲しい商品やサービスがあまりないから」は一〇・八%と、それ以外の支出を減らした理由に比して相当に小さく、消費不況の説明には使えそうにない。そうした傾向が定着したのが、ここ数年の状況である。新製品によって景気が良くなるには、その製品が既存の商品の売り上げを奪うことなく、余計に予算を使わせ貯蓄を切り崩させるのでなければならない。そうならないのは、商品よりも貯蓄の必要性の方が高いからである。

苛酷な椅子取りゲーム

マクロ経済の需給ギャップには、重要な性質がある。それは小野善康の卓抜な比喩を借りれば(注9)、「椅子《いす》取りゲーム」だという点だ。「椅子取りゲーム」とは、何人かの子供たちがその数以下しかない椅子の周りを音楽に合わせて回り、音楽が止まると椅子を取り合うゲームである。このゲームでは、子供の俊敏性が競われている。より俊敏な子供が椅子にありつき、負けた子は競技場から退出するというルールである。

もし椅子の数と子供の数が同じならば、すべての子が椅子にありつくはずである。ではここで、子供と椅子に色を付け、その数が合っておらず、自分の色の椅子を取った子が勝ちだとしよう。そのときは勝ち負けが生じる。たとえば黒の椅子が5に黄色の椅子が5、黒の子供が7に黄色の子が3としよう。この場合、黒の椅子を取った五人の子と、黄色の椅子を取った三人とが勝ち組であり、黒の二人が負け組である。椅子は二つ余っている。ここで椅子と子供の二つずつがミスマッチしているから色を塗り替えねば椅子にありつけない。

これに対し通常の椅子取りゲームに近づけて、椅子の総数が子供の人数より少なく、黒の椅子が5、黄の椅子が5に対し、子供は黒8、黄4としよう。ここで5の黒椅子と4の黄椅子を得た子供が勝ち組で、椅子は黄がひとつ余り、負け組の子供は黒の三人である。ここで子供を黄に塗り替えても、二人は依然として椅子を得ることができない。

画期的な技術革新が生まれなかったことに消費不足の原因を見る説の誤りも、椅子取りゲームのたとえで説明できるだろう。少ない需要を多くの企業が取り合っているのだから、椅子は需要、子供は企業に当たる。黒の椅子が5、黄の椅子が5に対し、子供が黒7、黄5で、黒の子供二人が負け組だったとしよう。ここで黒の椅子が5から6に変わったとすれば黒の子供はひとりが勝ち組に回る。つまり需要に変化があり、それで黒の子にヒット商品が生まれたのである。けれどもこのとき総需要（椅子の総数）一〇は変わらず、黄色の椅子はひとつ減って4になっているならば、今度は黄色の子供ひとりが負け組に回ってしまう。携帯電話は勝ち組に回ったが、少年漫画誌は負け組に算入されてしまったわけだ。結局、黒一黄一の負け組総数二人に変わりはない。

家計の予算は貨幣保有の高まりや貯蓄増によって低下しているが、予算の増加がない限りマクロ的な個人消費の増加にはつながらないのだ。平時にはお金を持つことは満足につながらないと考えられているが、不安が支配的であるときには消費よりも貯蓄の方が消費者の満足を高めることになってしまう。それは、様々な制度が信頼できない現在、貯蓄・貨幣だけが信頼できるということでもある。

需給が均衡しているとき、勝ち組とは自社の商品に需要がつき経営を存続しうる企業で、負け組は商品が需要とミスマッチしたために倒産する企業である。負け組企業に属する労働者や資本、土地などは、色を塗り替えねばならない、すなわち所属企業を需要のつく商品を作る産業に属するものへと移さねばならない。そこで負け組企業は倒産して解体され、生産要素は市場を通じてすべて黒字企業に吸収される。黒字は赤字と絶対額として均等だからだ。ここでは負け組とはいえ、そこに関係していた労働や資本、土地はすべて勝ち組のどこかに引き取ってもらえる。勝ち負けは、以前の職場が維持できるかどうかにすぎず、生産要素はすべて再活用されるのである。

ところが需要不足の経済ではそうはいかない。少ない椅子（需要）をめぐって企業が熾烈《しれつ》に競う結果、ある企業は売り上げにありつく。だが負け組企業が倒産して色を塗り替えたとしても、すべての生産要素が吸収されるわけではない。労働・土地・資本という生産要素が、居場所を変えようとしても、次に引き取ってもらえる企業が存在しないのである。ということは負け組には二種類あり、色違いでミスマッチしただけの者は、企業を変えれば別に居場所を得ることができる。それに対して椅子の数が足りなかった負け組は行き場がなく、より深刻である。ここから別次元の問題が三つ、派生している。

急増するフリーター

以下は、消費不況がもたらす需給ギャップの帰結である。第一は、失業である。失業率は二〇〇三年一月時点で五・五%と、戦後最悪の水準に達している。ところが政府は、失業については大半が構造的なもの、すなわちミスマッチによるものであり、ある分野では余剰人員を抱えているのに他では人手不足となっているに過ぎないと楽観視している。だがそうだとすれば、総需要・総供給として集計されたものはおおよそ均衡しているはずである。

失業がミスマッチによるものであるとすれば、一方で人余りの産業があり他方に人手不足の産業があるから、その間で移動すればよい。政府の雇用政策は、それを可能にするための手助けを職業訓練や職業紹介のかたちで行うことに限られる。それだけで、失業者には正規の勤め口が新たに見つかるはずだからだ。これは正規社員の需給にかんする論である。ところが近年、その一方で、フリーターと呼ばれるアルバイトで生計を立てる不安定就労者の若者が急激に増えている。日本労働研究機構研究所が首都圏で行った調査によれば、フリーターの六割は女性、年齢層は二〇歳代前半

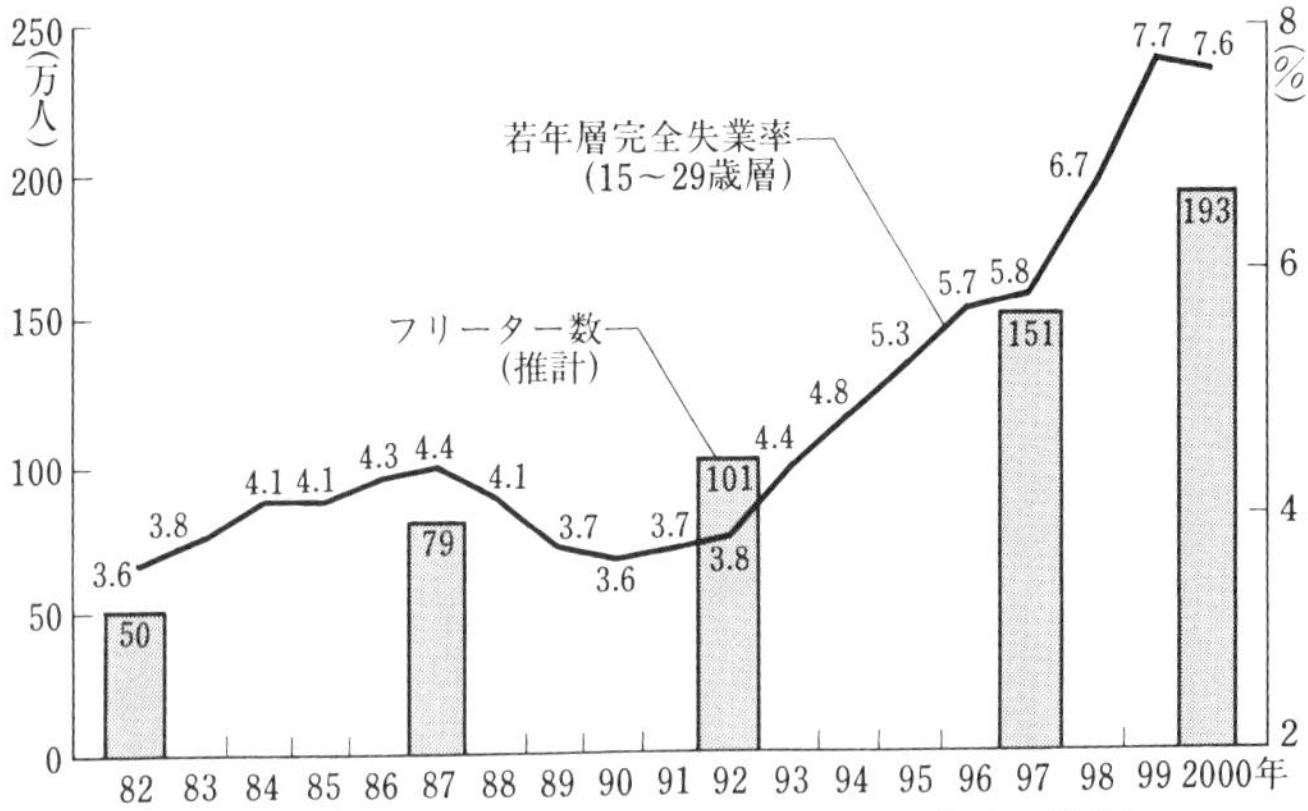

図2-8 フリーター数の推計と若年層完全失業率の推移

出所　① フリーター数の推計は、82年から97年は総務庁統計局「就業基本調査」を労働省政策調査で特別集計。2000年は日本労働研究機構「大都市の若者就業行動と意識」調査研究報告書No.146で推計。
② 若年層完全失業率は、総務庁「労働力調査」より作成（各年平均）

層までが中心で、週労働日数は平均四・九日、月収は平均一三万九〇〇〇円だという。レストランのウェイター・ウェイトレスや居酒屋などのホール従業員、倉庫内での軽作業やコンビニ店員などが主な職業となっている。

そうした人々が図2-8のように総数で二〇〇万人弱となり、その数は若年層の完全失業率の伸びにほぼ沿うようにして増えているのである。この事実が示すのは、完全失業者である若者たちは、次の正規雇用に向けて職業訓練に励むのではなく、多くがアルバイト労働として吸収されてしまっているということだ。

しかも企業が正社員採用に際し、フリーター経験をどのように評価するのかについては、図2-9を見ると、マイナスに評価するという答えが三〇・二%に上っている（理由は「根気がなく、いつやめるか分からない」が七三・一%と最多で、「責任

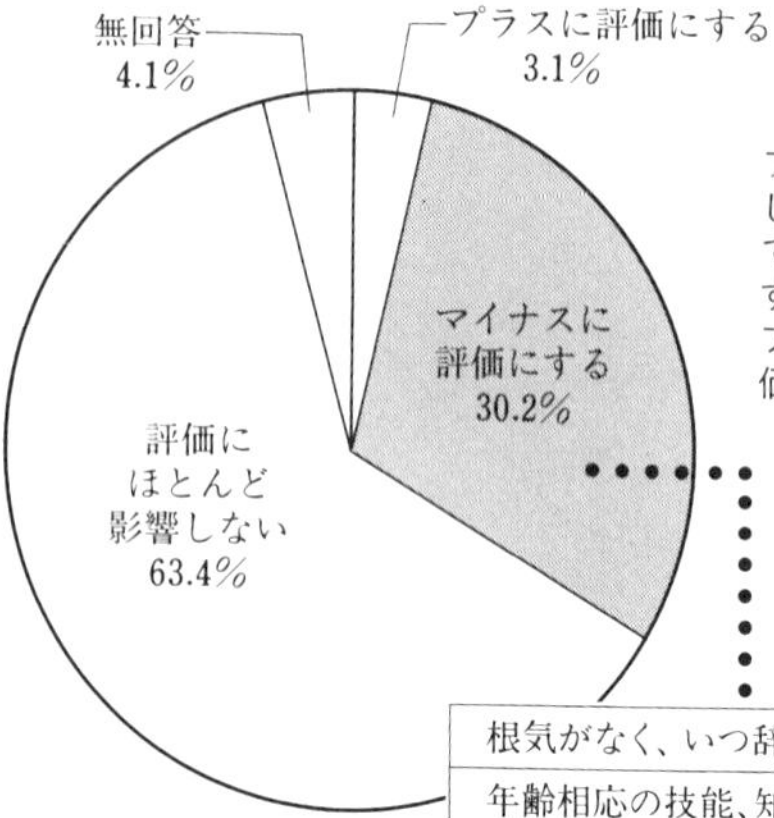

フリーターをいわゆる正社員として採用する場合、フリーターであったことをどのように評価するかを企業にきいたところ、プラス評価に対してマイナス評価が高い割合を占めた。

フリーター経験をマイナスに評価する理由

%（複数可）

根気がなく、いつ辞めるかわからない	73.1%
年齢相応の技能、知識がない	26.0%
責任感がない	55.2%
組織になじみにくい	40.1%
職業に対する意識などの教育が必要	39.1%
入社時の格付け、配置が難しい	15.9%
人物像がつかみにくい	28.3%
その他	3.0%

（厚生労働省／平成13年雇用管理調査結果速報より）

図2-9　正社員採用における企業のフリーター経験評価

（日本労働研究機構／調査研究報告書No.146）

感がない」の五五・二%がそれに続いている）。ということは、長年フリーターになってしまった若者は正社員として採用されにくい状況にあることになる。しかも、ファミリー・レストランや倉庫業、コンビニエンス・ストアなどはもはやフリーター層なしには成り立たなくなっている。失業↓フリーターという道筋が、見逃せない規模として定着しているのだ。正規雇用の破壊を示すこの数値は、雇用のミスマッチだけから失業が生じているとはとても言えないことを語っている。

　ちなみに高卒者の進路先としては、大学進学がこの一〇年で一八・五％から三五・八％に急上昇している。これだけを見れば日本人の高学歴志向に拍車がかかったと思われるかもしれないが、それは実態をとらえた解釈ではない。というのもこの間、無業者が五％から一〇％に倍増しており、勤め口がないために大学に進学するという傾向が見られるからだ。さらに言うと大卒でも就職率が六〇・三％にすぎないため、就職率七六・三％を誇る専門学校に大卒で入り直す若者も増えている。

また、リストラを是とする論調も高まり、リストラを発表するだけで、それが有用な人材を解雇したか否かも確認されないうちから、当該企業の株価が回復するという倒錯した傾向も見られるようになった。そうであれば、経費削減の観点から、中途採用に力を入れ自前の研修によって社員の能力開発を行う熱意を失う企業も出てくる。これは企業が生産システムとして研修を組み込めなくなったために、労働者がみずからの負担で技術と資格を得ようとしているのだとも言える。将来不安に対しての自己防衛である。

もちろん、フリーターであっても職を得ているとみなすならば、失業という観念そのものが無意味になる。けれどもフリーターは所得や就業にかかわる保障において正社員よりもはるかに劣り、なによりもマニュアルで指示されたこと以上の技能を習得することができない。その点では、現在の雇用環境において劣るのみならず、将来において向上することをも現時点で断念せざるをえなくなっているのである。正社員の減少とフリーターの増加は、長期的に労働者の生活と人生を支える雇用を破壊するものであり、それはマクロ経済の不均衡を背景とする正社員雇用の需給のギャップ

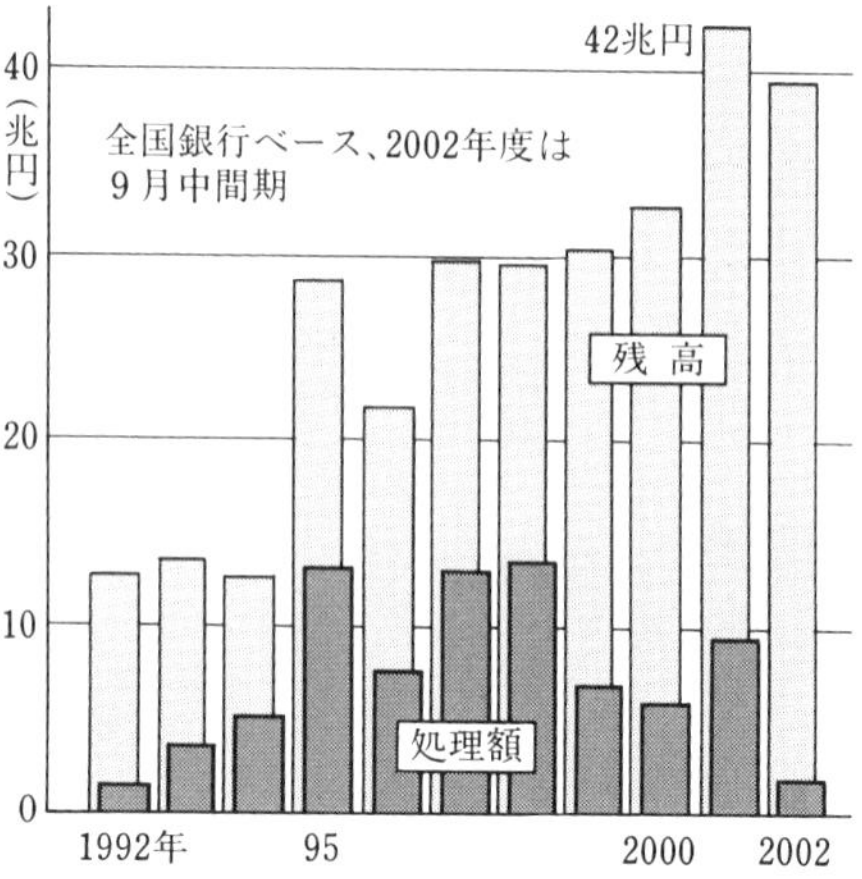

図2-10 不良債権処理額と残高の推移

出所：『読売新聞』（2003年3月17日）をもとに作成

から生じているのである。

地に落ちた金融システムへの信頼

長期的には存在しないはずのものとされている需給ギャップに由来する第二の点として、不良債権の増加がある。『報告』によると、全国の銀行は毎年不良債権（リスク管理債権）を鋭意処理しているが、それにもかかわらず多額の新規発生が続いている（図2-10）。この間の推移を見ると、不良債権残高もバブル崩壊後増加傾向を続けているのである。二〇〇二年三月期の残高は四二・〇兆円と一段と増加し、過去最高を記録している。不良債権比率（リスク管理債権／貸出金）も八・九％にまで上昇しており、不良債権は最終処理額以上に新規発生していることがうかがわれる。だが本当に長期的に市場が均衡するなら、長期においては不良債権の新規発生はなくなっていくはずだ。

二〇〇二年三月期の不良債権の増加は、前年に実施された特別検査（注10）を踏まえた資産査定が進んだことや、判定基準の厳格化によって要管理債権とされるものが増加したことも含んでいるから、それ以前とは性格は異なっている。不良債権の増加が査定の厳格化にもとづくものだけならば、

「痛みなくして成長なし」というときの「痛み」だということになろう。

もちろん不良債権のなかには銀行の判断力の悪さから生じたものがあるのは事実だし、それゆえに銀行が経営責任を取らねばならないのは当然だ。金融分野緊急対応プロジェクトチームの木村剛が言うように(注11)、日本の、とくに大手銀行は、貸付先企業に焦げ付きの可能性が出てきたときに、そのリスクを査定し見合うだけの「貸倒引当金」を準備するという義務を怠ってきた。それは商法やディスクロージャーの元になる会計ルールに対する違反であり、不良債権の総額が不透明であるために銀行株が売られ、しばしば金融危機を招いてきたという側面がある。こうした経営ミスを見逃してきた、金融庁や前大臣の柳沢伯夫は咎《とが》められるべきだろう。そこで竹中大臣の下で、木村も含むグループによりさらに査定を厳しくする「金融再生プログラム」が立案された。

構造改革がめざす新たな経済システムにおいては、企業のガバナンスを行い、市場から淘汰されるべきか否かを決めるのは、メインバンクではない。その役割を果たすのは、二〇〇二年一〇月に金融庁が発表した「金融再生プログラム」というルールにもとづき監督を行う、金融庁をも含む金融システム全体である。そして雇用は流動化を余儀なくされるから、技能の高さが市場でどれだけ高く評価されるかをもって「雇用される可能性（エンプロイアビリティ）」が決まり、それがある人の生涯所得の基本となる。したがって個々人は、自分の雇用可能性や金融システムをどの程度まで信用しうるかによって、将来の見通しを確かなものにすることができる。それが新たな日本型市場経済システムの基盤になるはずだという。

ところが金融システムに対する信頼は、現在では地に落ちたと言っても過言ではない。とりわけ九〇年代後半以降、八％の自己資本比率を守れない銀行が経営責任を負いたくない一心で、資本不足ではないと主張し、主張を正当化するために不良債権の存在を隠してきた。融資先の問題企業を健全企業と言いくるめた例は、枚挙にいとまがない。

第一章1でも触れたが、長期信用銀行は九八年の決算にかんして、資産を甘く評価する自己査定を行い不良債権を少なく見せかけ、また決算当時に約一兆円の不良債権があることを認識しながら、早期是正措置の発動を避けるために損失を隠して、虚偽の有価証券報告書を提出した（証券取引法違反）。さらに不良債権に対して引当金を積んでいればありえなかった七一億円もの違法配当を行って（商法違反）、経営陣の三人が懲役三年の有罪判決を受けた。経営破綻したマイカルについては、金融庁の一部には正常先に戻る程度の要注意先だと強弁する向きがあったと言われるが、二週間後には破綻してしまった。

こうした事件が頻発したことから銀行の信用は著しく落ち、それを監督する金融庁の信用までもが失われ、現在では主要銀行の格付けが軒並み低下している。そもそも「金融再生プログラム」が銀行と金融庁との甘い関係を断ち切り、厳格な査定を行うことにより「日本の金融システムと金融行政に対する信頼を回復」することを謳《うた》うのも、こうした状況に対する危機感の表れなのである。

不良債権をめぐる「いたちごっこ」

ところが問題は、さらに深刻である。依然として日本では間接金融と中小企業が主であり、貸し出しを受けて多くの企業が運営されている。新規に開業した企業は大半が中小企業だから、そうしたところでは直接金融市場で資金を得ることはまず期待できない。そうした場合に経済全体で需給ギャップが存在すれば、理屈から言っても過剰に供給した分は売れ残り、企業への貸し付けは不良債権化していることになる。政府は強調こそしないものの、「景気悪化などによる貸出先の業績悪化」を新規不良債権増の一因と認めてはいる。どれほど厳格に銀行の経営責任が問われたとしても、需給ギャップがマクロ経済の全体に横たわっている限り、不良債権は新規に発生するに違いない。というのも需給ギャップの下での市場競争は「椅子取りゲーム」なのであり、厳格に個々のゲーム参加者に勝敗の決着をつけるにしても、敗者のなかに色を塗り替えてミスマッチを克服すれば復活できる者とは別に、椅子の絶対数が足りないために行き場のない者が生まれるからだ。

敗者に経営ミスを問うて金融市場から退場を命じるというのが金融市場のゲームのルールである。けれどもそのなかには需要のミスマッチが読めなかった企業と、需給ギャップによって売れ行き不振になる企業とが存在する。構造改革論では前者だけしか存在しないかに言われるが、需給ギャップが存在すると間接金融が支配的である以上は全体として必ず一定比率で不良債権が新規に発生してしまうし、さらに不良債権を処理したことが原因となって需要がいっそう減退してしまうかもしれない。不良債権の処理は、それが需給ギャップを広げないような状況判断の下で行われるべきものだ。

不良債権の存在が総需要に対して与える影響は、不良債権が存在するために金融機関が貸し出しを抑制し企業が資金を得られない（クレジット・クランチ＝信用収縮説）とか、不良債権の処理が遅れたために企業や金融機関の間に疑心暗鬼の関係が生まれ取引関係が萎縮《いしゅく》して需要が縮小した（デット・ディスオーガニゼーション＝債務問題による経済組織破壊説）とかいった面で問題視されている。これらはいずれも不良債権が原因となり、需要を押し下げていると見るもので、それゆえにこうした諸説も不良債権の処理を急務と唱えている。けれどもこれらの諸説が言うように、不良債権が不況を促進させるとしても、そもそもが需給ギャップが新規に不良債権を発生させているのだから、新規の発生という原因を押さえない以上はいくら不良債権を処理したところでいたちごっこである。実際、巨額の処理を毎年行っているのにもかかわらず、不良債権の残額は増えている。

貨幣は増えても需要は増えない

ちなみに「金融再生プログラム」（竹中プラン）は、ＢＩＳ規制にもとづく八％の自己資本比率を厳正に守らせることを主眼としている。ところがそのために増資を行うと、株式数が増えるために平均の収益率が下がってしまう。そこで株価が下落し、そのせいで自己資本比率が維持できなくなるという悪循環に陥っている。これは、そもそも需給ギャップが存在する状況での純益水準（それじたいの大きさは、バブル期にも匹敵すると言われている）（注12）が、自己資本比率八％という国際ルールとは両立しないということだろう。

木村剛は主要行もルールに従って淘汰されるべきで、その空白を新たな金融機関が埋めればよいとしているが、椅子取りゲームでは本来、子供が淘汰されるたびに椅子の数も減らすため、最終的にはひとりを除いて他の子はすべて退場させられてしまう。とするならば、国際ルールを守って主要行も淘汰されるか、もしくは国際ルールと国際業務から一時的に離脱するかのいずれかしか手はないのではないか。不良債権を処理するというのは市場ゲームのルールであるから、粛々と行うしかない。けれども消費や投資といった需要の各項目が縮小しているという原因を直接に解決しない限り、それは不況対策とはなりえないだろう。

そこで、いかにして総需要を喚起するのかという、需給ギャップにかかわる第三の問題が出てくる。構造改革論は配慮なく制度を解体して、一時的な「痛み」に止まらぬ長引く激痛を日本に導き入れようとしている。ところが一方でそれは、「痛み」を和《やわ》らげるために貨幣供給を増やしてインフレにしようとする政策をも支持している。デフレ対策だ。家計が貨幣を得て、それを消費するかまたは貯蓄しても銀行が企業にその金を貸し、投資される。さらに日本銀行が貨幣供給を増やし、銀行が融資して企業が投資する。そうしたことが起きるなら、消費財ないし投資財が売れるから、物価は上がるだろう。けれどもこの話が成り立つためには、貨幣は持つだけでは意味がなく最終的には使うものだ、ということが前提されねばならない。

ところが図2-11が示すように、日本銀行が貨幣供給を増やしているにもかかわらず、貨幣は消

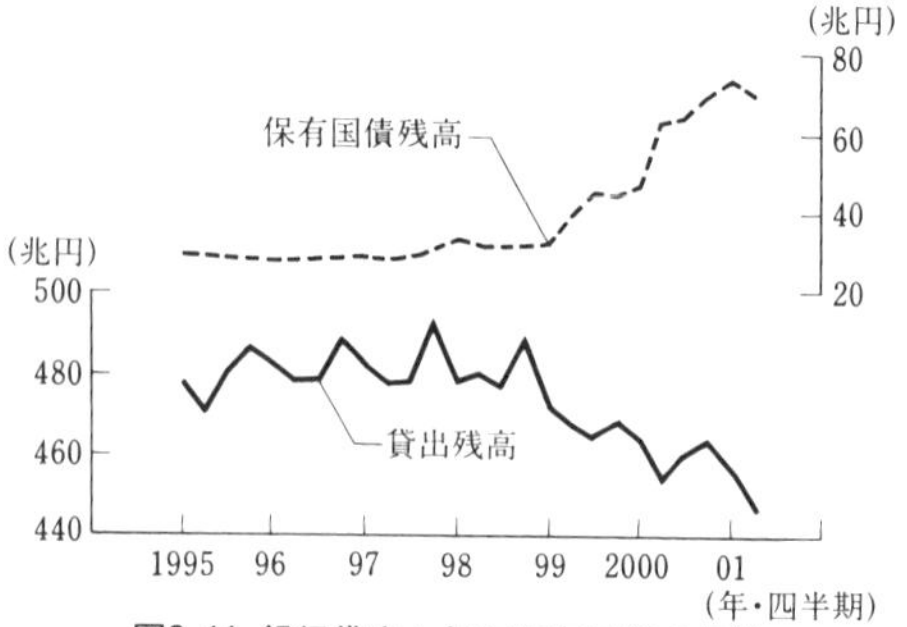

図2-11 銀行貸出と銀行保有国債の状況

（資料）日本銀行「金融経済統計月報」
出所：富士総合研究所『2002年日本経済の進路』
（嶋中書店、2001年）

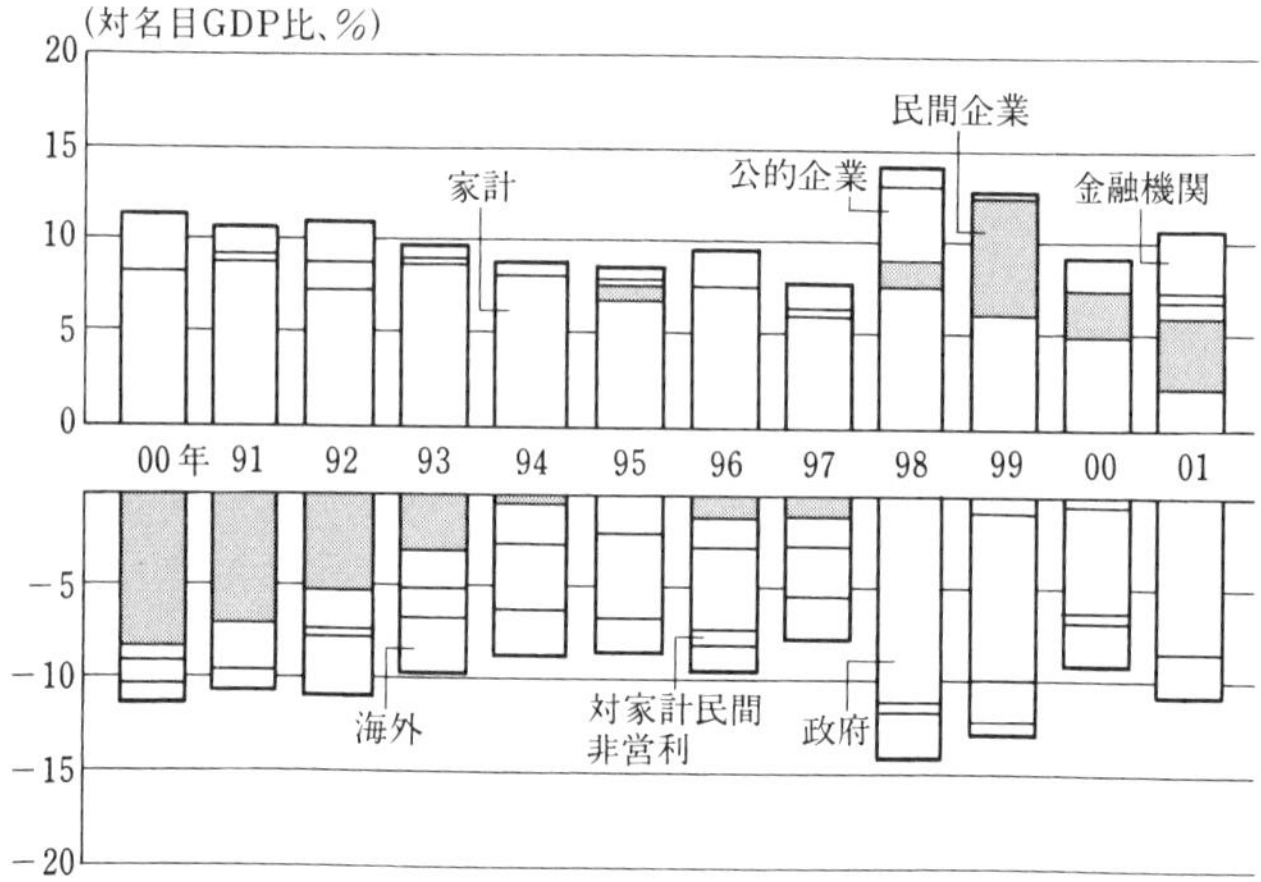

図2-12 民間企業は資金過剰主体に

（出所）平成14年度版『報告』、日本銀行「資金循環統計」により作成。

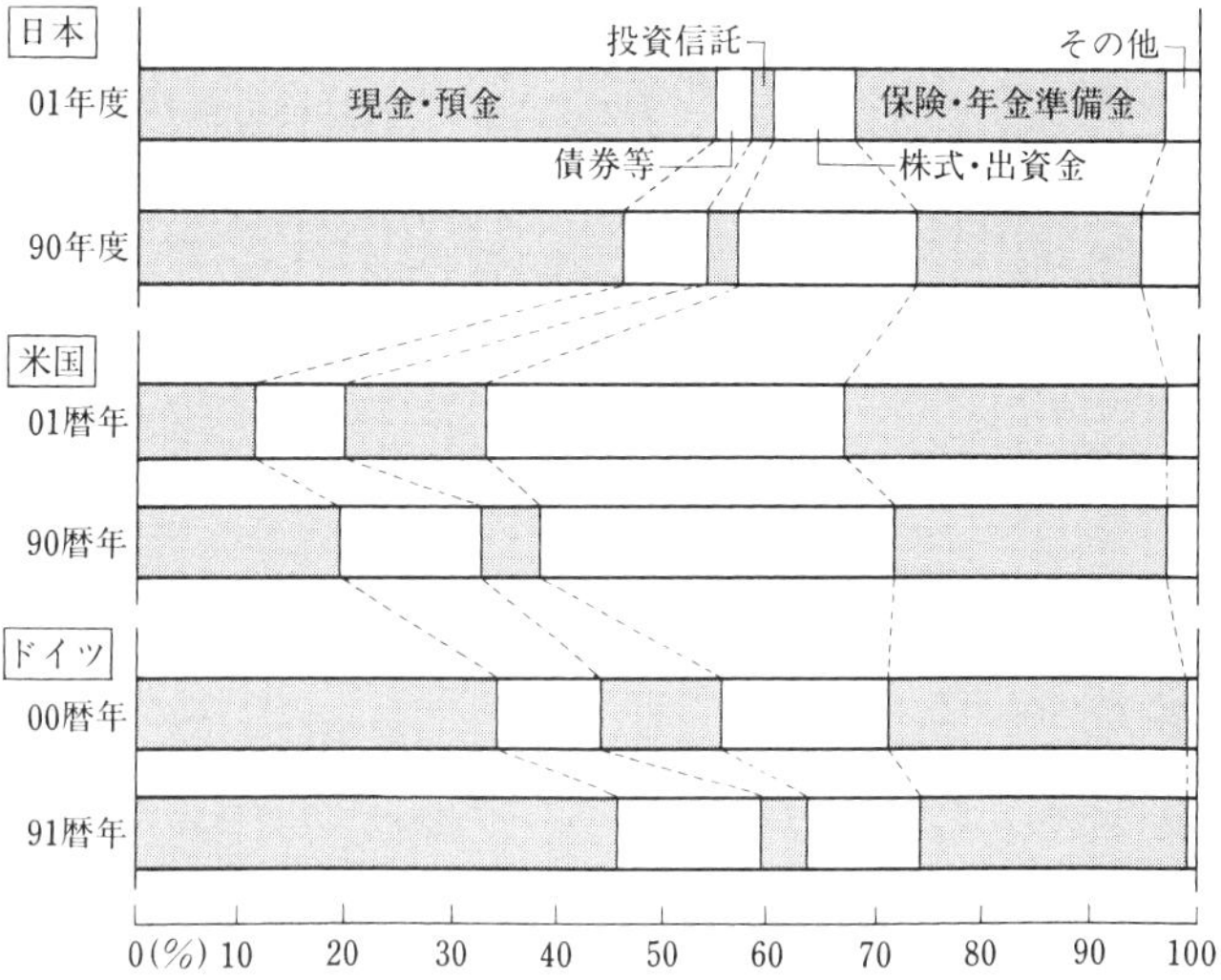

図2-13　リスク資産保有の少ない日本の家計部門

（出所）平成14年度版『報告』、各国資金循環統計により作成。

費にも投資にも回っておらず、もっぱら貨幣のままで保有されるか国債の購入に当てられている。銀行の貸し出しは着実に減退し、信用乗数は低下し、国債保有残高は反比例するかのように急増している。これは自己資本比率の算出ルールにおいて、企業への貸し出しは分母となる資産に組み込まれるのに対し、国債はゼロリスクとして組み込まれないため、銀行が量的緩和によって資金供給を受けても、企業には貸さず自己資本比率を上げるために国債を購入しているからである。

一方、企業の側も、図2-12が示すように、九〇年代後半以降は資金余剰主体に転じている。過剰設備や過剰債務を抱えているために余剰資金は有利子負債の返却に当て、債務のリストラを進めて、設備投資については行うにしても内部資金で行っているからしい。

つまり企業側の資金需要も、あまり強くないのである。

また家計について見ると、日本では家計の預貯金・現金保有が五四・五％と大きいうえに、図2–13のように一三年間で相当に増えている。対照的に七割程度まで激減しているのが株式・社債等である。ということは、安全資産への需要が過大であり、資産構成をリスク性資産に移動させようという政府の目論《もくろ》みとは正反対の結果を招いているということだ。これでは貨幣供給を増やしても、消費や投資にはつながらず、総需要を拡張するには至らない。景気対策としては、財政政策のみならず、金融政策も効果が薄いのである。

インフレ目標論の根本的矛盾点

デフレ対策＝インフレ論は、貨幣供給を増やしインフレにすると日銀総裁が宣言することで、デフレ期待がインフレ期待に変わるとしている。一般には、この説への批判は、インフレを起こすことができたとしてそれがハイパーインフレになったら制御する策がないとか、日本銀行の自己資本比率が下がり信用をなくすとか、国債買い切りは国債増発への歯止めをなくすといった政策技術論をめぐるものに集中している（注13）。

けれどもここで指摘したいのは、そのような政策が実現した際の影響の問題ではない。ポイントは、この政策は無効だという点にある。というのも、支出を控え貯蓄する理由として「デフレだから」と解答する人は見当たらないからだ。したがってかりにデフレ期待がインフレ期待に変わったところで、消費に影響はないだろう。デフレだからものを買わず、インフレになれば買うというのは、そもそも貨幣そのものには消費財としての価値がなく、交換の媒体でしかないという新古典派の前提から導かれた結論にすぎない。実際、「デフレが支出を冷やす」と銘打たれた文章には、生身の消費者の声は出てこない。デフレになったら賢い消費者ならお金を使わないはずだ、といった机上の推論だけが述べられる。インフレもデフレも貨幣供給量によって自在に操作しうるというマネタリズムも、そうした新古典派の貨幣観に則している。ところがその前提に反して、貨幣をいくら供給したところで、人々はそれを使うことなく退蔵してしまっている。貨幣を持ったり使ったりする動機と物価上昇率が無関係なのだから、インフレにしようと貨幣供給を増やそうと、人々はモノを買わないいし、買わなければ現実に物価は上がらない。この議論の誤りは、貨幣を退蔵する理由をデフレに求めたところにある。人々は不安だからお金を使わないのだ。

また、インフレ目標論では、日銀総裁がインフレ目標を宣言すれば、それが政策目標として透明性と説得性を高めると言われている。けれども、どのような調査にも、政治家や官僚をそこまで信頼しているという国民の評価は存在しない。エコノミストが真理だと勝手に信じていることならば国民は信じるはずだというのは、偏狭《へんきょう》な妄想だ。

ただしこの政策によることなく、貨幣価値が激減するなら、商品を買おうとする動きがあって不思議ではない。ケインズは『一般理論』において、国民が貨幣保有を進めているせいで不況になるとき、その対策として、時間を追って価値の下がる通貨の発行を提案している。これはちょうどインフレ政策と同じである（注14）。ただそのときに、円の価値は下がったとしても、他の通貨たとえばドルの価値が安定していれば、ドルへの持ち替えが進み、ドルが流通するだけのことになるかもしれない。そうであれば減価政策は円の価値を毀損したに止まってしまう。

そもそも日本における諸制度がことごとく信頼を失うなかで通貨が最も信頼されている現状において、その価値を他の制度以下に押し下げるという政策は、いかにも自虐的としか言いようがない。

3　構造改革論はなぜ制度の解体にこだわるのか

合理的経済人《ホモ・エコノミカス》という仮定

以上のような考察が正しいのだとすれば、構造改革は不安を呼び起こして消費不況を招き、それは需給ギャップと貨幣需要の増加、新規不良債権の発生を帰結するから、さらにそうした帰結をうち消そうとして構造改革が促進されると、消費不況はスパイラル状に深刻化することになる。構造改革を進めれば進めるほど、不況が深刻化してしまうのである。

では構造改革論は、なぜ制度の解体を推し進め、人々の不安を呼び起こそうとするのだろうか。

新古典派経済学では、「**合理的経済人（ホモ・エコノミカス）**」が仮定されている。ミクロ経済学の教科書の冒頭には、人間は消費者ならば効用（消費して得られる満足）の最大化、企業ならば利潤の最大化といったような自己利益の最大化をめざし、そのために合理的に考え判断し、それにもとづいて行動しうるという仮定が掲げられている。自己利益の最大化は数学問題として表現され、すべての人がそれを解けるとみなされている。明示的には言及されないが、その計算にかかる時間はなきものとされる。つまり、ホモ・エコノミカスの計算能力は無限大である。自分の直面している問題が数式として設定できないとか、数学問題を解けないという意味での「不安」は存在しないのだ。

とはいえ、消費者がその条件付最大化問題を実際に解いて行動していると想定しなければならないわけではない。M・フリードマンが用いたたとえでは(注15)、熟練したビリヤードのプレイヤーは、いちいち玉の位置や角度を計算するわけではないが、本質的にそれと同じ結果に至っている。そして消費者や企業家も同様のはずだという。効用最大化問題の計算といった基本的な仮定を現実の事例により直接テストすることは不可能である以上、理論は良い予測を導き出せば十分で、その予測が現実に反証されるか否かだけが重要であり、仮定そのものの現実性を追究するのは馬鹿げたことだと主張するのが、フリードマンの科学方法論でもある。

またさらに、人々が合理的に行動するという仮定から、市場は長期的に均衡するという理解も派生する。製品市場は消費者の需要と供給の出会いによって形成されている。予算を使い消費して、どれだけ満足が得られるかは当人の欲望のあり方によって決まってくる。また企業は原材料や労働、資金を用いて製品を作る。売り上げと費用を勘案してもっとも利潤が上がるように生産計画を立てるのだが、利潤は技術力によって左右される。需要を消費者が、供給を企業が決めると、彼らが一堂に会することで需給に応じて価格が決まり、その価格に対して企業や消費者はまた自己利益を最大化するような計算を行う。

市場は価格を変化させつつ需給を調整し、企業や消費者がそれに反応して自分の行動を再考するというプロセスである。ここで重要なのは、暗に期間の長さが想定されていることである。企業や消費者が自己利益の計算を行う時間はほとんどないに等しいと仮定されている。需要が供給を上回れば価格が上がるというふうに需給ギャップに応じて価格が調整される。調整は短期的には完了しないが長期的には終了し、需給は一致している。ここで言う長期間のあいだ、消費者の欲望と企業の技術は変化しないし、それらは価格の変化や他人の行動にも依存しない。つまり、欲望は文化や社会で、技術は大学や研究所で、というふうに、市場以外のところで形成されると仮定されている。つまり、計算↓価格調整↓欲望・技術の変化という順序で、時間がかかると想定されているのである。

そこで短期的には、価格のうち賃金が硬直的であるため、とりわけ労働市場の需給にギャップが生じるという。それゆえ短期には失業が存在しケインズ的景気対策が有効であるが、長い眼で見る長期においては賃金も収縮的であるから、完全雇用が達成される。つまり、短期の不均衡と長期の均衡という二分法が成り立つとされているのである。

ただし市場と期間にかんするそうした関係もまた、消費者の全知的合理性から導かれたと見ることもできる。というのも（一定の確率を含むものとしてであれ）生涯の所得を見通すことができ、自分の死がいつ訪れるのかを知っているものとすれば、消費についても生涯で合理的に配分しうるから、人は一生をかけて貯蓄を使い切るだろう。貯蓄がすべて消費されるのだから、人の生涯にあたる「長期」において供給されたものはすべて需要される、つまり市場は均衡することになるのである。

人間の全知的合理性や市場の長期的均衡を信じると、そこからは別の、五つの想定が現れる。順に見ていこう。

構造改革論の五つの想定

第一は、総需要の項目のうちでも枢要《すうよう》な部分を占める消費や民間投資がどのように決まるかである。

まず消費にかんしては、前述したフリードマンの恒常所得仮説の説明力が高い評価を得ている。ケインズの消費関数では、現在の消費は現在の所得にのみ関係するとされていたが、人が将来の消費生活まで関心を持ち、それを望ましい水準に維持したいと考えるなら、過去からの資産と将来の所得までも考慮に入れて、現在の予算とするだろう。そして将来の所得がどれだけになるのかは景気や所属する企業の上げる収益、当人の機敏さによっており、不確実性をはらんでいる。

ところがフリードマンの主張は、所得にそうした不確実性を読み込むように解釈されていない。

むしろそれとは正反対に、生涯の所得にかんしてすべての人が完全に知っているかのように解釈されている。そうするとこの理論は、生涯の所得を人生全体の予算とみなし、すべての時点における消費を選択するというふうに読み替えられる。これは新古典派の全知的な合理性を持つ消費者観をいっそう徹底したものだ。

構造改革論では、「集中調整期間のあと」に「中期的な民間需要主導の着実な経済成長が実現」すると予告されているが、ここには暗黙の前提がある。というのも、職を変えなければならなくなった人や、現在でこそ失職してはいないものの将来的に危機を予感している人についても、将来所得が激減すると予想したり、そのせいで現在の消費を差し控えようとはしないと前提されているのである。つまり、構造改革論ではフリードマン風に、将来所得にかんする全知的な合理性（完全予見）が成り立ち、しかも人々が市場の長期均衡の理論を信じていると仮定していることになる。そうでなければ、雇用制度が解体しても人々が雇用不安ゆえに消費減退に陥る可能性はないと決めつけられるわけがない。

第二は、投資についてである。構造改革論は財政赤字にもとづく公共投資の景気浮揚効果については否定するが、金融政策については有効性を疑っていない。だがここで言う金融政策は、民間投資がなんらかの金融的措置の関数であることを前提している。たとえば、金利をゼロに至るまで引き下げたのは民間投資Ｉｐが名目金利ｉと負の関係にあるというＩｐ（ｉ）型の投資関数を想定していたからであろう。また、名目金利ｉがゼロに達したため金融政策の目標を金利から貨幣供給の量

Mに変えたのは、Ｉｐ(Ｍ)という投資関数を操作しようとしたからだろう。貨幣供給が増えれば企業は投資するだろうという仮説である。

不良債権が金融システムを不安定にしており、それが投資を阻害しているというクレジット・クランチ説やデット・ディスオーガニゼーション説は、不良債権さえなくなれば投資は自然に増えると考えているのだから、投資は不良債権の関数だとみなしていることになる。インフレ目標論にしても、名目金利ｉから物価上昇率を引いた実質金利ｒの関数Ｉｐ(ｒ)として、民間投資を理解している。これらはいずれも金融政策によってなんらかの変数を操作し、その関数である投資を増やそうとするもので、同じ発想に立っている。

第三は、かりに投資意欲が存在するとして、いかにして資金調達がなされるのかという問題である。構造改革論では、高リスク高収益の資産と低リスク低収益の資産を国民が適当に配合して選択するのが合理的だとされている。そこで、間接金融についてはオーバーバンキングだとして規模を縮小し、直接金融市場を拡張するべきだとされる。

第四は、経済システムを移行させる方式、すなわち制度改革のやり方についてである。構造改革論では、「二年間程度の集中調整期間」を宣言している。二年程度に集中的に構造を改革する、というのだから、これは制度改革にかんする「ビッグバン方式」を採用するものと言えよう。

人間の合理性、無限の計算可能性を仮定すれば、契約には理屈上、時間がかからない。合理的な精神が行きわたりさえすれば市場が形成され、せいぜい取引に費用がかかる場合に、その大きさに応じて企業組織などの制度が創設されることになる。ここから、市場や諸制度は一気に創出することができるという主張が出てくる。これが一九九〇年代初頭に東欧・ソ連の市場化において提唱された「ビッグバン方式」であった(注16)。

計画経済の市場化は、規制緩和を経済の全面において行う壮大な実験であった。アドバイザーたちが主張したのは、市場移行戦略の新古典派アプローチである。IMF(国際通貨基金)が融資の条件として各国に課す改善策(コンディショナリティ)は、まず第一に、緊縮財政・マネーサプライの抑制・為替レートの統一と切り下げ・金利の引き上げないし自由化・公定価格の引き上げ、などからなるマクロ安定化政策によって経済全体の支出超過傾向を抑える。さらに第二に、国有企業の私有化・価格/投資/貿易の自由化・産業のリハビリテーション・法制度の整備・技術者や経営者の整備、などの「構造改革」を行う。つまり、マクロ的に安定しているならば市場メカニズムを自由放任に近いかたちで導入するという方針である。「原則放任、例外介入」であり、しかもこうした改革は、長くても二~三年という短期間に行われる。これが「ビッグバン・アプローチ」と呼ばれている。

第五には、いささか抽象的な表現だが、経済にかんする「観察者」はいったいどこにいるのかという問題である。構造改革論では、市場のあるべき理想状態は、「潜在成長率」の概念を用い観察者としての当局(内閣府?)が、外部から客観的に記述することができるとみなされている。

以上から、構造改革論では制度を解体することが目的化する。新古典派では、計算に時間がかかったり対象が複雑すぎて計算そのものができないことに由来する「不安」は、前提からして存在しない。したがって人が不安を抱かざるをえないときに、終身雇用性などの制度を信頼するといったこともありえない。また、純粋な市場に任せておいても長期的に均衡がかならず実現するならば、我々は市場の声の命ずるままに動けばよく、働き口をどこにも見出せないという不安を持つ必要はない。そして消費においても人々は生涯で所得を使いはたすから、需要が増えるだろう。それゆえに日本的経済システムはいつ解体しても構わず、それもビッグバンでよいことになる。なぜなら、人は新しい環境にも無限の計算能力ですぐに対処できるとされるからだ。

外部から経済を観察する新古典派エコノミストは、自分たちは一国の経済が潜在能力を開花させているか否かを適切に判断しうると勝手に自負している。そして新たな市場経済の制度設計にしても、合理的に成し遂げうるとこれまた勝手に思い込んでいる。それは彼らが科学的だからではなくて、教科書にそう書いてあるからなのだ。

4　構造改革と消費不況のスパイラル

合理性の限界

多くの経済学者は近年まで、この五つの想定で満足してきた。そしてそこから生涯消費や投資の関数、リスクマネー供給や制度ビッグバン、高みに立った制度改革などが導かれる。そして集大成として、構造改革が唱えられている。以下、この五つの想定について反論していこう。

こうした想定が有意な結論をもたらさないのではないかという疑念は、長年にわたって呈されてきた。たとえば経営学者のH・サイモン（Simon, Herbert）は、すでに一九六〇年代から、（a）人はすべての代替的な選択肢について知りえない、（b）情報・知識について完全には知りえない、（c）人間はすべての情報を元に計算する能力を持たない、といった合理性の限界について指摘している（注17）。効用最大化に即して言えば、人は自分が何をどのように好きかなど鮮明にはわかっておらず、世の中のすべての商品にかんして価格や属性、品質を知ってはおらず、たとえ好みや商品の属性をすべて理解していたにしても計算する能力を持たない、ということだ。

また計算能力にかんしては、制約の下で自己利益を最大化するという数学問題を解く際、変数が増えるとたんに要する時間が急増することがわかっている。これは「計算時間問題」と呼ばれている。そして所得制約を持つ効用最大化の計算は、原理的には可能だとしても、現実には計算にかかる時間からしても実行不可能であることが論証されている。

というのも、計算をコンピュータ・プログラム化したとして、計算にかかる時間は、選択の対象となる財の数が一〇で〇・〇〇一秒、二〇で一秒かかるとすると、財の数がそれ以上増えた場合には飛躍的に伸び、八〇でなんと三兆年を超えてしまうからだ。商品種を絞り込んでいるはずのコンビニエンス・ストアでさえ、一般的に陳列される商品の数は三〇〇〇程度とされるから、現実の財の選択にあたって我々は、多くの財を選択の対象として考慮しつつ効用最大化問題を解くというようなことは行っていないことになる。となると、我々は消費選択にかんして効用最大化問題を解くことに代え、はるかに簡便なやり方を採用しているはずである。そこでサイモンは、「環境の複雑さが適応システムの計算能力よりもはるかに大きい状況下での合理性」という「限定合理性」について検討したのである。サイモンはとりわけ経営者の行動について論じ、彼らは採りうる選択肢のすべては精査せず、選択肢のうち手近なものから検討してゆき、納得のいく答えを得たら検討を打ち切るという。これが彼の提起した、選択にかんする「満足基準」である。

消費者にかんするものも含め、限定合理性のあり方には様々なものが考えられる。（どのような効用や利潤が得られたのかについて）過去の自分の経験に頼る、（すべての商品や品質、価格にではなく一部の）外部情報に注目する、他人の評価や世の中の習わしを考慮する、などである。個人的な経験や習慣、制度、評判や社会慣行などが個人の意思決定を補完しているのだ。

ゲーム論も新古典派が措定《そてい》してきた単純な経済人の仮定を緩め、ゲームのルールの下で参加者が相互の行動を推測しつつ、より有利な行動をとろうとするモデルを様々に提案しているが、何ゆえにゲームのルールや利得を参加者たちが共通に了解しているのかが不明という決定的な難点がある。現実の経済活動は、そもそも互いがどのようなルールに従っているのかを解釈するところから始まる。消費者が何を求めているのかを探る市場調査にしても、消費者が参加しているゲームのルールを調査しているのだと言えよう。ゲーム論ではゲームのルールは固定され、共通に了解されていることになっているが、現実の経済社会においてそれに当たる個人的経験や習慣、制度、評判や慣行などは、一方では長期間固定されるが、他方では流行のごとく日々塗り替えられてゆく。以下、それらを広義の「**制度**」と呼んでおこう。

制度崩壊ゆえの不安

制度と経済の関係については、新古典派を批判し進化経済学を提唱するG・M・ホジソン（Hodgson, Geoffrey Martin）が述べている。「すべての経済活動は、状況の詳細な知識を通してではなく、その作用のなにげない観察を通して知覚される、伝統的な法の枠内で生じて」いる。そして事業それ自体は、「すべての参与者によって修得されねばならない非公式の慣習とルールによって縛られており、時にはその慣行・規範と合致した行為が事業社会への受容を可能にし、信頼の印として機能する」（注18）。つまり経済行為は、個々人が何を信頼すべきかを決めるための観察に始まり、慣習やルール、規範といった制度を理解し、信頼することで、具体化してくるのである。制度を「思考習慣」としてとらえるという見方を示したT・ヴェブレン（Veblen, Thorstein）に始まる制度派（注19）は、こうした立場の先駆的存在である。

そうした潮流から言えば、生産要素が収益率の低い産業から高い産業へと移動することを拘束するものとしてのみ制度を理解する構造改革の考え方は、いまだに素朴な「合理的経済人」仮説を採用している。制度学派における制度やサイモンの限定合理性といった概念が示唆するように、「構造」としての制度は個々人の意思決定そのものを補完するのであるから、それを急激に廃止すれば、人々は新しい状況に即座に適応しうるどころか、意思決定の前提が解体されるために呆然自失《ぼうぜんじしつ》してしまうだろう。現在の多くの日本人が「不安」を訴えるのは、終身雇用制や護送船団方式をはじめとする制度の急激な崩壊を目の当たりにし、思考を補完するものを失って、計算能力から言って過剰な複雑性に直面しているからだ。

逆に言えば、そうした点を考慮しない構造改革論は、人間を制度の力を借りて意思決定するものとはみなさず、制度の撤廃ないし急激な改革に直面しても即座に適応できるものと考えている。また制度には政治的・社会的・文化的な側面が付随しているが、それを撤廃しうると主張するのは、経済はその他の側面から孤立しうるものだと前提しているからである。

ここ一〇年の経済論壇では、沈滞する経済を救う対策として「大きな政府か、小さな政府か」とか「不良債権処理か、デフレ対策か」といった論争が現れては消えたが、いずれの立場も決定的な有効性を持ちえなかったのは、経済を孤立するものとみなし、そのなかだけで原因を探し回ったからだ。むしろ問題は経済とそれ以外の領域の間で生じており、それらをつなぐ制度（構造）の改革によって引き起こされたのである。

不安とは、計算不可能な多様性に直面しながら、しかも意思決定において参照する個人的経験や習慣、評判、慣行といった制度すら流動化してしまっているときに人が感じるものなのだ。終身雇用制とは「長期的に雇用が確保され、最低限の所得が保障されること」であり、護送船団方式とは

「金融機関が倒産せず、いざとなれば付き合いのある企業を助けてくれる」制度なのだと考えるのが日本人の「思考習慣」であり、それによって家計は所得、企業は収益にかんする長期期待を形成してきた。それゆえこれら制度の崩壊は、思考習慣と長期期待の根元からの揺らぎ、すなわち将来不安をもたらしたのである。それが、アンケート結果では、中高年にとっては雇用不安、高齢者には介護や医療への不安、若年層には年金不安として意識されたのである（注20）。

投資は金利によって決まるのか

投資にかんしても、現実には単純に何らかの変数の関数だとは言えそうにない。投資には、金融的に操作できるという考え方自体に疑問が呈されている。投資を利子率の関数とみなすのは新古典派経済学の主要な仮説である。これを「理論的にも、現実的にも、そして学説史上も誤りである」とする伊東光晴によれば（注21）、一九三〇年代、すでに投資が利子率で決まるか否かが問われ、「オックスフォード調査」が行われたが、実証的に否定されたという。日本でも一九八〇年代初頭に、経済企画庁が同様の調査を行ったが、一部上場企業中、利子率低下によって投資を拡大すると答えたものは、投資意欲の旺盛な景気回復期においてすら〇・二五％、考慮してよいとするものすら一二％にすぎなかった。

投資にかんする別の解釈は、ケインズが提起している。彼は、ある投資物件が将来にわたりどれだけの収益をもたらすのかという予想収益率（「資本の限界効率」）と、その投資を可能にするような融資を受けるための借り入れ金利、もしくは投資せずに債権を購入したときに得られる貸し付け金利であるところの市場利子率とを比較し、前者が後者を上回れば投資が実行されると見た。ところが、

予想収益に関する期待の基礎にある考慮事項は、一部分は多かれ少なかれ確実にわかっていると想定することのできる現存の事実であり、一部分は多かれ少なかれ確信をもって予測しうるにすぎない将来の出来事である（注22）。

投資が市場利子率の関数であるのは、ケインズの言う予想収益率のすべての部分が確信を持たれており、所与とされる場合であろう。ところが前述のように、現在では需給の関係が「椅子取りゲーム」状態にあり、供給しても一定の率で満たされない可能性があることが見込まれている。それにもかかわらず投資しようというのは、（椅子を必ず取れると思うほどに）よほど自信があり強気な企業家か、市況がまったくわかっていない人だけであろう。まさに「アニマル・スピリット」を欠いては投資しようがないのである。大守隆は「需要不足が長引いたため、設備投資は金利よりも将来の需要見通しにより敏感になった」旨を述べているが（注23）、まさにその通りのことが起きたのだと思われる。ほとんどゼロに近い借り入れ金利を気にするより、製品がどれだけ売れるかに注目せざるをえないのが消費不況なのだ。この状況では、消費そのものを拡大しない限り投資も回復し

ないだろう。

リスク負担は分散できるか

恒常所得にかんしては、フリードマン以降の研究において、将来所得が不確実である場合について拡張が行われ、そこで将来所得が不確実な人は予備的動機から貯蓄を行うことが示唆されている（注24）。そうした一連の研究では、「不確実性」とはいえ恒常所得が期待値として算出できることが想定されている。けれどもそれならば、結局は将来所得が計算できることには変わりがない。企業の過去の実績から、将来所得の確率分布がわかるものならば、家計はそうした計算をしていると仮定してさしつかえなかろう。しかし、この五年間ほどの日本経済では、戦後初とも言えるような大きな制度変革が起きており、人々は将来所得の確率そのものを把握できていない。貨幣保有や貯蓄の増大は、そのように恒常所得の計算そのものが成り立たない局面で生じている。

さらに、生涯所得についての見込みに確信が持てなくなると、資産保有の仕方も変わってしまう。日本人はハイリスク・ハイリターンを嫌うという言い方は、これまで最もリスクの低かった資産である人的資産が雇用制度の崩壊ゆえに高リスクになってしまったことを見逃している。

投資が将来の不確実性に抗して遂行されるのだとして、融資はバブル崩壊以前、大企業においては含み益、中小企業においては土地担保にもとづいて可能になっていた。そこに土地神話という一個の制度が崩れ、株価と地価の大幅下落が始まる。日本はＢＩＳ規制にかんするバーゼル合意において、みずから自己資本として株式の含み益を算入するものとした。しかし金融自由化を控えて八%の自己資本比率を達成しなければならないときに株価と地価が下落したため、貸し出しを圧縮せざるをえなくなる。これも大守隆の言葉を借りれば、「日本的リスク秩序の崩壊」(注25)が起きたのである。

リスク負担を分散させて開業や技術革新といった投資活動を行わせるため、銀行による間接金融ではなく、株式保有など直接金融に個人資産を振り向けようというのが構造改革の目標のひとつであるが、それは高低リスクの適正配分という原則に反しているのである。もし人が資産選択においてリスクの高低と収益の多寡を合理的に組み合わせようとしているのだとすれば、高リスクの資産を持たせるには、相応の低リスクの資産も保有可能でなければならない。これまでは所得を産み続ける労働能力は低リスクの人的資産であったが、リストラが常態化した(と思われるようになった)ためにそれは高リスク資産となったのだ。

小説家の村上龍は、株式保有を勧めるインタビュー形式の講演のなかで、「ではご自分はどのように株式投資をしているのか」と聞かれ、「小説書きは十分にギャンブルであるから株はやらない」と答えたが、これは笑い話ではなく重要なコメントである。現在一般の企業労働者が高リスク資産を選ばないのも同様の心理からだろう。サラリーマンであることも、いまやギャンブルなのだから。企業にしても、いざというときに銀行が面倒を見てくれるとは限らないため、予備的に貨幣を保有しつつある。

消費者においては所得にかんする長期期待、企業においては投資収益にかんする長期期待が不確定になってしまったために、低リスクの資産として、貨幣保有が拡大するようになったのである。ところが新古典派ミクロ理論では、こうした現実とは関係なく、貨幣は物々交換において「欲望の二重一致」の困難を回避するために創出されたという議論が、このところ盛んになされている。

この議論によれば、ある人が手持ちの商品Aと欲しい商品Bを交換したいと望んでいても、Bを持っていてAが欲しいという他人を探索するのは費用がかかったり困難であったりするため、交換手段として貨幣が創出されたというのである。貨幣にはそうした機能しかないのだとすれば、貨幣そのものは欲望の対象ではなく最終的にはAやBといった商品を消費するための媒介でしかないから、全知で合理的な消費者ならば自分の死の時までにすべてを使い果たすことになるだろう。

けれども現在、高齢化で高齢者の割合が増えつつあるにもかかわらず貯蓄率が上がっている。こうした事実については、交換手段に焦点を当てる貨幣論では説明がつかない。様々な制度が確実なものではなくなり信頼できなくなっているときに、唯一貨幣だけが低リスクの制度として信頼されているのだ。

経験則を無視するビッグバン・アプローチ

このように制度の急激な変更は、人々の不安をかき立てるものである。ところが構造改革論では、制度のビッグバン的改革が行われている。冷戦終了後の市場化の過程においては、周知のごとく、ビッグバン方式が適用された国々のその後の経済実績は、惨憺《さんたん》たるものであった。ロシアやブルガリアなどは、九七年にはGNPが九〇年の三分の一にまで減退してしまったと言われている。この立場をなお維持しようとすると、そうした国々では合理的な精神がいまだ定着していなかったと言うしかなくなる。

もちろん制度改革や規制緩和をしてはならないと言っているのではないし、それが必ず混乱をもたらすと主張しているのでもない。日本経済は未知の環境にさらされ、新たな経済システムが求められている。しかし、将来不安につながるような制度変更、とくに経済システムの移行にかんするビックバン方式を採ったことから、現在の日本経済は低迷に入ったことも事実なのである。制度は思考習慣の基盤であるから、それが変化すれば我々は生活の全面にわたって見直さなければならなくなる。それには必然的に時間がかかるし、最終的には拒否されることや他の制度との間で齟齬《そご》をきたすこともあるだろう。それゆえに漸次的《ぜんじてき》にしか進められず、無理に進めれば将来不安を拡散させるだけに終わりかねない。

日本の企業では、年功に応じて管理職に昇進させ、終身雇用ののちに退職金を与えるというのは「心理的契約」（堀紘一）(注26)であった。それにもとづいて「労働者側は会社に対して、職種の転換も勤務地も権利を放棄」したのだから、突然の転勤を甘んじて受けた人に肩書や十分な退職金を与えないのは「心理的契約違反」だろう。とくに将来所得を見込んで長期のローンを組んだ人は、将来の支出だけは確定しているのだから、なおさら将来不安が高まる。スムーズな市場化に失敗した旧社会主義諸国にしても、合理性を持てなかったのではなく、ビッグバンに適応できなかったのだ。

ＩＭＦのビッグバン方式については一二二ページでふれたが、金利引き上げを除けばほぼ構造改革と同じであることがわかるだろう。ＩＭＦは、戦後に発足した当初は、設立にかかわったケインズの腹案を受け、危機にある国が需要拡大を実現するよう大国が支援することを主眼としていた。その方針が徹底した市場化へと一八〇度逆転したのはレーガン・サッチャーの新自由主義が世界を席巻した八〇年代以降で、具体的には市場化と緊縮財政という方針がラテンアメリカの危機を救ってからだと言われる。

第一章でも紹介したＪ・スティグリッツは、こうしたＩＭＦの施策を激しく批判している。彼によれば、そもそも危機にある途上国では、融資をはじめとする支援策は喉から手が出るほど欲しいものであるから、ＩＭＦの提示する条件を飲まざるをえず、その結果、多くの国において高金利で銀行の倒産が相次ぎ、民営化で雇用は破壊され、緊縮財政で経済は不況に向かっていった。もちろんＩＭＦもそれは承知で、そのように無駄な企業や労働者を淘汰した後に廃墟のなかから新鋭企業が現れてくるというシナリオであった。

ところが、現実に力尽きた経済にはそんな余力はなく、むしろ縮小の悪循環に突入し、貧困の最低線にある人々がさらに苦境に追いやられてしまった。タイなどは金融組織が十分に成熟してもいないうちに金融自由化を受け入れたため、アメリカなどから大規模な投機資金がどっと押し寄せてバブルを起こし、それが突如潮が引くように去って行ったため、アジア金融危機の引き金を引くはめになった。以上がスティグリッツの主張である。

これにかんしては、まったく対照的な事例があったことを忘れることはできない。高度成長を続ける中国の例だ。中国では、経済は部分的に自由化されていった。漸進的な市場化である。その結果、たとえば自動車産業では企業と部品メーカーとの間でインフォーマルな取引関係が育まれていったという。また繊維産業では、外資が工場内で商品開発から設計、製造に至るまでの垂直統合をしている。丸川知雄は中国経済への観察から、市場経済は公式・非公式の制度が時をかけて形成されなければ適正に機能しないとしている（注27）。ここで言われる「公式・非公式の制度」は、事前に想像されたようなものでさえない。漸進主義は、制度の定着を図るものである。けれどもそれは明確な理論にもとづくものではなく、経験の教えでしかない。そして信頼や不安は、経験則に左右されるものなのだ。

市場は設計できるのか

構造改革論は潜在成長率がエコノミストによって計算されるとし、それを達成すべく過激な制度破壊を推進している。ところが市場は、物理学の対象のようには観察者が別次元から客観的に観察できるものではない。いや、この言い方では正確ではないかもしれない。物理学においてさえ、不確定性原理以降は観察者と対象との関係が主題になり、「客観的な観察」に疑義が呈されているからだ。そもそも「市場における需給」とか「価格の調整」という言い方が当たり前のようになされているが、何が商品でありそれが別の商品とどう区別されるのかにしても、当事者が取引のなかで決めていて、観察者としての当局が客観的かつ取引の事前に識別できるものではない。

築地の魚市場では、「タイ」と呼ばれる魚が多数取引されているが、そのなかにはエボダイのように生物学的にはタイと類縁関係にないものまでが含まれている。市場における「タイ」というのは市場取引の歴史のなかで培《つちか》われた分類枠であって、学術的な意味での定義とは別物なのだ。エボダイがタイの代替材であるとすれば、それは東京卸売市場のなかでのことである。つまり市場を観察するには、学術的知識にもとづくだけではダメで、内部に入り込んでそのあり方を了解するしかない。

この点で興味深いのが、F・A・ハイエクの議論である。ハイエクは生涯にわたり社会主義を批判した人で、彼の自由市場論はもっぱら「知識の分散」に関連して語られている。仕事が分業によって専門技術に特化するのと同様に、市場において儲かるチャンスについての知識は、一部の人だけが持っているという説である。そうした人たちが実際に利益を上げることで、どの知識が実際に有効なのかが世に知れわたる。市場競争とは知識が伝わるプロセスだ、というのである。

こうしたハイエクの主張は、多くの人によって新古典派の規制改革論、構造改革論と同列に立つものだと誤解されてきた。ところが計画経済の前提するものとして彼が造語した**「設計主義」**(constructivism)とのかかわりから言えば、観察者が外在的であって対象としての市場をなんらかの関数で表現しうるととらえる新古典派の構造改革論は、まさに設計主義である。つまり社会主義の思想と同列だというのである。というのも、新古典派は、社会の「全体」を把握しうると考え「知識の僭称《せんしょう》」にふけっているからだ。

そこでハイエクは、「**主観主義**」(subjectivism)を唱える。それによれば、財の異同にしても当事者の主観によってしか定義されない。市場で取引される「タイ」の定義は、生物学者ではなく消費者や仲買商が決めるのだ。彼は市場自由主義を支持するのだが、それは新古典派のそれとは、少なくとも論理構成においてはまったく対立するのである。人々が従うルールは統計的に発見されるものではなく、観察者みずからもそれに従っているものとして解釈するしかないのだ。そうしたルールはちょうど文法のようなものであり、計測されるのではなく、内省的に発見される。つまりハイエクは、企業家が発見する事業機会といった意味での具体的な「知識」とともに、そうした知識の意味を確定するようなルールもまた同時に市場で伝達されると考えるのである。

ところが構造改革論では、新たなルールとしての制度は、市場は外部から観察できると考える当局によって設計されている。これは、ルールは市場の外部にあって設計可能であり、設計作業は内部における参加者の活動とは別次元のものだというルール(制度)理解にもとづいている。ところが市場の内部と外部は、構造改革論が想定するようにはきっちりと峻別《しゅんべつ》できないものだ。そこから問題が生じる。

新古典派では、制度や嗜好《しこう》、技術や期待は市場に外在していて、需給が均衡するまでの期間は変化しないものとされている。長期において価格なり数量なりが調整されて、安定条件が成り立っているならば、需給が均衡に収斂《しゅうれん》していくのである。そうした過程が理論として描かれていること自体が、観察者は市場の外部に位置していると想定されていることを物語っている。では、市場を観察し、需要曲線や供給曲線を算定し、そこから価格の趨勢《すうせい》などを予測する観察者が、観察結果にもとづいて活動するとしてみよう。予想の結果、彼の嗜好や技術、期待が変化してしまうとすると、それがさらに需給関係を変更させるから、均衡に収斂するとは一概には言えなくなる。

実は新古典派においてもそうしたことは、均衡価格を計算により算出する期待形成や、価格が上がることで好きになるという「見せびらかしの消費」（ヴェブレン効果）、価格引き上げをめざす技術革新といったかたちで取り入れられてきた。市場の外部／内部の区別が明確にはなされないことを、実質的に認めてきたのである。新古典派には「合理的期待形成」という考え方があり、予測が実現するという期待形成の特殊ケースを仮定しているが、それはここでの議論からすれば、超合理的であることに主眼があるというよりも、外部／内部の切り分けをとりはずしたことによって市場が均衡しなくなるという難点を取り除くための仮定という色合いが濃いと言える。

第三章

市場社会が直面する新たな現実

——信頼の崩壊から再生へ

1990年 東京都庁

1 生産要素と市場化の限界

ここまでの議論を整理しておこう。バブル崩壊により、九〇年代以降の日本経済は不況に陥った。土地神話というのは「地価は上がり続ける」という共通の思い込みであるから、一個の制度であった。それが崩壊したため銀行の自己資本はとめどなく縮んでいく。そこで景気対策のために公共投資が継続的に実施されたが、抜本的には不況からは脱することができず財政赤字が累積したため、構造改革の発想から、日本型経済システムの制度そのものを解体する作業が始まる。そのために援用されたのは新古典派の経済思想で、それは経済人は全知的な合理性を持ち、市場は長期的には均衡すると考える。それゆえ所得は生涯で消費され、民間投資は名目ないし実質の利子や貨幣量の関数であり、人々はローリスク・ローリターンだけでなくハイリスク・ハイリターンをも求めるはずだから直接金融市場が発達すべきであり、制度改革は一気に行うことができ（ビッグバン方式）、それを指導する経済学者は市場を客観的に記述・分析・操作できるものとされた。

そこから導出されたのが、第一章2節で示した構造改革の11の方針であった。その方針に従えば、「痛み」ののちに創造的な企業は儲かり、不振企業は淘汰されるという理想的な市場が形成され、日本経済は本来の潜在的実力を発揮して新たな成長経路に乗るものとされた。

ところが現実は、そうした想定には反する方向に向かった。制度の急激な破壊は、人々に将来不安を抱かせ、貯蓄を増やして、消費も投資も利子などにはほとんど反応しないほどに縮小し、リスク負担をこれまで以上に回避するようになってしまった。消費不況による長期停滞である。その結果、過剰供給と需要不足が常態化してしまい、失業率上昇と新規不良債権の発生、金融政策の無効という事態を招いている。

「市場」対「規制」という二分法は正しいか

新古典派＝構造改革論にとって焦眉《しょうび》の課題と見えたのは、市場に対する規制や慣行、すなわち「構造」であった。とりわけ雇用や資本（貨幣）、土地という生産要素市場の構造が経済停滞の究極の原因であった。たとえば最近出版された構造改革を支持する本（注1）には、次のような一節がある。

> 無駄をなくし生産性を引き上げるためには、競争制限的規制の撤廃、公共事業や公共調達における完全競争入札制の導入、適切な情報開示制度の構築による情報の非対称性の解消などの構造改革を、デフレの終息のようなマクロ経済の安定のためには金融政策を、それぞれ割り当てるべきである（八四ページ）。

これが現在の主流派である新古典派の標準的な主張である。ここに見られるのは、経済は市場と規制領域に二分され、規制は「市場の失敗」に対してのみ適用されるべきだという考え方である。買い手と売り手、政府と企業など経済主体間で必然的に情報に偏《かたよ》りがあるような、非対称情報にかんする開示は付け加えるが、かつて自然独占的であったがゆえに規制すべきとされた公益産業（電気、鉄道、電話など費用低減産業）などは民営化すべきだとされる。つまり、財には市場化が可能なものと、公共財や外部性を持つがゆえに市場化不可能で規制されるべきものの二種しかないという発想が支配的なのである。それゆえ必要な規制が何であるのかを見極め、それ以外の規制は撤廃縮小して、市場活力を生かそうとする。

こうした発想は、日本でのみ唱えられたわけではない。八〇年代以降、とりわけ冷戦終結後の九〇年代以降の世界では、それまで中核的位置にあったマルクス主義に代わって新古典派イデオロギーが猛威を振るってきたのである。新古典派においては、市場と対立するのは規制であった。社会主義経済は、規制が極端にまで増殖し、経済活動の全域を縛るに至った経済体制として理解された。それゆえ社会主義経済の破綻は、規制そのものが非効率性をもたらしていることの証拠とみなされ、ソ連や中国、東欧圏の社会主義経済を市場化するのみならず、西側諸国においても民営化や構造改革を推し進める論拠ともされた。

経済に対するこのような考え方は、ちょうど一九三〇年代前半の世界大恐慌以前の状況を思い浮かばせる。金本位制の下で自由貿易が拡大し、世界経済は安定的に発展していた。市場に対する信頼は、このうえなく高かった。

先に挙げたような近年の新古典派の立場では、公共事業には入札制、情報が非対称である分野には情報開示制、そしてマクロ経済政策として有効性が残るとされる金融政策を適切に定着させるべきだとする点が、大恐慌以前の自由主義派の経済思想とは異なっている。それには、短期的には赤字財政にもとづく公共投資の効果を認めるという、マクロ景気対策を付け加えてもよいかもしれない。だがここで当たり前のように示されている、経済を市場領域と「市場の失敗」領域とに二分するという前提は、正しいのだろうか。こうした二分法で経済を理解するということそのものが新古典派のやり方なのだが、それ以外の解釈によってとりわけ現在の日本経済を覆う危機を見直すことも、可能なのではないだろうか。

ブレトン・ウッズ体制への移行

自由市場および景気対策という二〇世紀経済の基軸を定着させたのは、言うまでもなく大恐慌であった。世界大恐慌は、一九二九年一〇月二四日の「暗黒の木曜日」に、ニューヨークの株式市場が崩壊したことに端を発している。翌年から銀行危機が広がり、さらに翌年には高率の関税をかけ国内産業を保護しようとする「スムート・ホーリー法」が成立する。アメリカにおける銀行破産は三四年にピークに達した。

こうした過程を経て、三四年までにアメリカだけでも手形の資産価値は八〇%が消失し、八万五〇〇〇の企業が倒産し、配当は五六％、賃金は六〇％低下した。平均生活水準は二〇年前に逆戻りし、工場労働者は、四分の一もが失業したとされる。大恐慌への対処の結果、二〇世紀の資本主義経済は制度的・政策的にそれ以前の自由市場から大きく変質していったのである。

第一は、ケインズの提唱した金融財政政策が定着したこと、第二は、金本位制の崩壊とブレトン・ウッズ体制への移行である。

後者から述べれば、金本位制度は、当局の発行する通貨と金との交換比率を法的に定めた国際的な通貨制度である。「正金配分の自動調節理論」が成り立つとすれば、二国間の貿易不均衡は物価の変動によって調節されることになる。貿易赤字→金流出→通貨減→物価下落→輸出増・輸入減→国際収支改善・為替相場の向上→金流入→通貨増→……といった具合の循環が想定される。ところが世界大恐慌の時点では、金本位制のルールはしばしば逸脱を招いた。不況が深刻化すると、各国は政権維持のためにも国内での景気回復を優先せざるをえなくなり、通貨不足に由来する価格下落に対して金融緩和を行った。投機も信託を通じて大衆に定着するようになっており、不況時にさらに金の流出が起きるという、想定外の事態が発生した。しかも寡占化の進行により、物価は柔軟ではなくなってもいた。こうして各国は、次々に金本位制のルールに従えなくなり、そこから離脱していったのである。

大戦後になると、金にリンクされたドルを国際通貨とし、また加盟各国通貨をドルに（したがって金にも）固定し、さらにＩＭＦが基金を持ち各国に貸し出すという、ブレトン・ウッズ体制（Ｉ

MF体制）が成立した。ドルを国際通貨とし、金と併用する固定相場制度である。

ここで注意したいのは、ブレトン・ウッズ体制が、ケインズ政策による市場介入を想定する経済制度でもあったということである。そこでは二段階のケインズ政策が講じられた。まず第一段階として、各国の政府は、それぞれに財政金融政策を講じ、総需要の管理を通じて完全雇用をめざした。けれどもそうした各国レベルの経済政策が功を奏しない場合もありうる。そうしたときには、第二段階として、基軸通貨国であるアメリカが、その利益と引き替えに責任をもって各国のケインズ政策を支援した。つまりアメリカが当該国から輸入を増やすことにより、総需要拡大を陰から支えたのである。それによりドルがその国に供給されることとなった。

資産市場の規制から自由化へ

また、ブレトン・ウッズ体制は、たんに政府が市場に介入するのみならず、市場に規制を敷く体制でもあった。なかでも資産市場は、規制の対象となった。資産市場には、いくつかの機能がある。今日の所得を断念して貯蓄する人に、「時間選好プレミアム」としての金利を与える「異時点間の資源配分」機能。所得・株価・為替の変動などから生じるリスクを分担した人に、「リスク・プレミアム」としての利益を与える「リスク配分」機能。そして貨幣の便利さを断念して債券を保有した人に、「流動性プレミアム」として利子を与える機能、などである。

ところが一九二〇年代における資産価格の高騰と投資ブーム、三〇年代における株価暴落と慢性不況の結果、異時点間の資源配分やリスク配分を資産市場に委《ゆだ》ねる経済システムは危険とみなされ、そこでブレトン・ウッズ体制においては、国内的には金融・資産市場を政府の規制のもとにおき、国際的には固定相場制を導入して為替相場の変動を回避することとなったのである。この体制では、民間の各経済主体は資産市場において、異時点資源配分やリスク配分を行うことはできなかったのだ。そして経済の変動を緩和する役割は、政府の財政・金融政策が果たすこととなったのである。

しかし七〇年代以降、財政政策が失業とインフレの混在（スタグフレーション）を制御できなくなると、金融政策にマクロ的安定化が委ねられた。と同時に、資産市場が自由化されたのである。それは資産市場に「異時点間の資源配分」機能および「リスク配分」機能を再度求めるということであった。また外国為替市場は、西側主要国で固定相場制から変動相場制に移行する。変動相場制は、当初言われたようには経常収支の不均衡の解消に万能ではないし、為替レートの乱高下が生産体制を混乱させてもいるが、それに代わる決定的に有効な為替制度が見出されていなかったため、現実に定着した。

市場化に馴染まないもの

こうして固定相場制の否定とともに、ブレトン・ウッズ体制を彩っていた規制は、資産市場において全般にわたり徐々に緩和されていった。株式手数料の自由化にかんしては、アメリカでは七五年、イギリスでは八三年に実施されたが、日本は先進国のなかでは比較的に遅れて資産市場の緩和が進み、二〇〇〇年の証券ビッグバンをもって株式市場の自由化が完了した。そしてその直前の九七年の北海道拓殖銀行の倒産および山一証券の自主廃業で、日本で資産市場を規制してきた護送船団方式は、事実上解体されたのである。

ここに見られるのは、貨幣や信用の供給が、一般的な財と同じく自由市場に委ねられるべきだという考え方である。市場には競争のルールが適応され、それに従えば市場は最大の効率性をもって均衡するとされる。そして日本では二〇〇二年一〇月に金融庁が金融再生プログラムを発表し、監督官庁である金融庁が馴れ合いをなくして主要銀行を厳しく取り締まることを宣言すると、銀行の株価は軒並み下落していった。

これは金融市場に競争原理が働き始め、金融機関に淘汰が起きている表れのようにも見える。けれども市場が新古典派の言うように長期的には均衡に収斂するのであれば、参加者の一方に敗者が出るにせよ、他方には勝者が現れるはずであろう。ところがすべての金融機関が危機に瀕《ひん》しているという状況では、市場競争が正常に働いているとは思えない。

問題は規制の仕方が歪《ゆが》んでいることにあるのではなく、そもそも市場化に馴染まないものにまで市場原理を当てはめたことにあるのではないか。貨幣や信用がそのひとつである。市場化が可能であるためには、それを取引する人間には全知的な合理性が求められる。ところが第二章で述べたように、人間は無限には合理的ではなく、それゆえに制度の助けなしには合理的であるかのように振る舞うことすらできない。ことに「異時点間の資源配分」や「リスク配分」においては、人間の合理性には限界がある。そのため貨幣や信用の取引は完全には自由市場には任せられないのであり、規制のみならず制度の支えもまた必要になる。

フィクションとしての商品化

いわゆる「市場の失敗」とは別に、市場化の不可能な領域があることを大恐慌の経験から指摘したのが、ハンガリー生まれの経済人類学者、K・ポラニーであった。彼は『大転換』において、市場化が不可能な存在として、労働・土地・貨幣など生産要素を挙げている。

ポラニーは、「一八世紀末における統制的市場から自己調整的［自由主義的］市場への移行は、社会構造における根底的な転換を表現するものだった」という。では何が「根底的」に移行したのか。「決定的なのは次のこと、すなわち、労働、土地、貨幣は本源的生産要素であること、そしてこれらもまた市場に組み込まれなければならないということである」。つまり生産要素の市場化が、社会構造に根底的な転換をもたらしたというのである。

土地・労働・貨幣という生産要素は、ポラニーによれば「社会の実体 substance」である。それが「市場の諸法則に従属させられ」ている。では、それは成功裏に推移したのか。ポラニーは、こう述べる。

労働、土地、貨幣が本来商品でないことは明らかである。売買されるものはすべて販売のために生産されたのでなければならないという仮定は、これら三つについてはまったくあてはまらない。つまり、商品の経験的定義に従うなら、これらは商品ではないのである。労働は生活それ自体に伴う人間活動の別名にほかならず、その性質上、販売するために生産されるものではなく、まったく別の理由から産出されるものであり、人間活動は生活の自余の部分から切り離すことができず、蓄えることも転売することもできない。土地は自然の別名にほかならず、人間はそれを生産することはできない。最後に、現にある貨幣は購買力の象徴にほかならない。それは一般には、けっして生産されるものではなく、金融または政府財政のメカニズムを通して出てくるものなのである（注2）。

土地および労働、貨幣という生産要素は、現在の経済では商品化されているが、それは擬制（フィクション）としてでしかなく、自由売買には根本的な無理を抱えているというのである。

ポラニーによれば、自由主義（ポラニーの言葉では「自己調整的」）市場の広がりで、風景は汚され、河川は汚染され、労働者は肉体的に搾取《さくしゅ》され家族は破壊、コミュニティは荒廃した。市場がもたらすそうした惨禍に対し社会の側からの自己防衛がさまざまな形で生まれ、労働立法や保護関税に結実した。最終的には一九三〇年代、金本位制が解体し中央銀行制度に取って代わられたことで純粋な自由主義市場は終焉し、市場にさまざまな規制が施されてゆく。こうした二〇世紀前半の諸改革を、彼は「大転換」と呼んだのだった。

ポラニーの考えは、構造改革論における不良債権処理の考え方とは真っ向から対立している。というのも構造改革論は、政府の規制や平等主義的な税制、金融市場にかんする護送船団方式やメインバンク制、日本的経営や、さらには不良債権の存在といった「構造」を解体して、労働・土地・貨幣といった生産要素が市場を介して流動化するようにしむけようとする策だからだ。ここで判断が分かれるのは、そうした破壊作業の後にふたたび日本経済は成長の経路に乗るのか、それともさらに落ち込んでいくのかであろう。つまり、構造改革は「創造的破壊」をもたらすのか、それとも「累積的破壊」にすぎないのかという点である。

労働・土地・貨幣——市場化不可能な領域

構造改革論において生産要素が他の一般的な商品と同様に市場で取引されるべきだとみなされるのは、市場で取引されるある財は他と同一であり、一定の期間は変化しないものととらえられているからだ。少なくとも市場を外部から眺めると、そのように見えてしまうのである。ところがハイエクが考えたように、市場での取引は「ある時、ある所」で行われるのであり、その内容は市場取引の内部にいる当事者にしか了解できない。

とりわけこのことは、生産要素において特徴的だと思われる。人は労働者としてひとくくりにされるとしても、それぞれに異なる来歴と個性を持つ。土地は風土と歴史によって地域性を有している。最も流動的に見える資本にしても、塩漬けになっている不動産などは個別性が高く売れにくい。

他とは異なる個別性が、社会における生産要素という「実体」なのだ。それを外部からひとくくりにして「労働」「土地」「資本」と一般化し、その売買を合理的に施行しうるとしたり、それらの市場は均衡するとしたりするのが新古典派である。

新古典派において失業があまり重視されないのは、総需給が均衡しているために別の勤め口がどこかには必ず見つかるとされているからだ。もちろん新しい職場は、自分の気に入らないかもしれない。しかし、それは自分の職業上の能力を見る目が甘いからであって、現実の社会が適当と指定する場所に満足するならば、勤め先は存在するのだという。

ここには、暗黙の前提が想定されている。能力の別こそあれ労働者は均質であって、可塑性《かそせい》を持つということである。特定の職場だけにしか適さないという人はいない、人は容易に転職しうるという前提である。規制緩和を行って新産業が現れれば、淘汰された産業で失職した人は新産業に吸収されるというのは、それゆえだ。しかし、かりに淘汰される旧産業が商店街だとして、新産業がパソコン業界だとすると、昔ながらの地域の顧客だけと商いを営んできたような店主が、パソコン会社に転職して若い上司の下で働くというような構図になる。しかし人はそうしたことを望まないからこそ不安になり、将来に備えて貨幣という流動性を確保しようとしている。

つまり労働は、個別性が高いのである。生身の人間がすることであり、つきあい下手な人もいる。機械を操作するのが上手でも人前での発表は苦手という人もおり、その逆の人もいるだろう。だからこそ資格制度などで能力の標準化が行われもするのだが、とにかく労働は、売る側にとっては個別性が高いだけに、望む所得ですぐに売るのが困難な財である。それだけに労働しか売るものを持たない人は、リストラの危機を感じると、流動性を確保しようとする。

社会学者のR・セネット(Sennett, Richard)は『それでも新資本主義についていくか』(注3)において、雇用の流動化は現代の経済にとって必然に見えるものの、アメリカにおいてすら大きな副作用をともない、社会を荒廃させていると述べている。アメリカでは、カレッジに二年以上在籍の経歴を持つ人の場合、生涯で少なくとも一一回の転職と、四回のスキルベースの変更を余儀なくされている。転職して良いこともあるにせよ、それは馘首《かくしゅ》も含めた一一回の転職を伴い、クビにならずにすんだ人も、自信を持てず次は自分の番かと怯《おび》えている。また、営々と築いた技術は古いコンピュータ言語のように、新時代には貴重な経験どころか積極的に破棄すべきものとなる。「いつもやり直し」で新人と競争しなければならないのである。そして企業が発展しても雇い主は会社そのものを転売して儲けようとするから、組織の「目的地がどこにあるかわからなくなる」。偶然のようにして転職せざるをえなくなり、経験としては何も蓄積されず、断片化して無意味な人生しか持てないのが現代の労働者だというのである。転職に慣れたアメリカの労働者ですらそうなのだから、日本人がそうした社会の到来に怯えて不思議はない。

土地についても同様のことが言えるだろう。肥沃度《ひよくど》だけで測るならば、多くの土地が同一と見えるかもしれない。しかしそこに一生住むことを考えればわかるように、すべての土地は別々だとも言える。交通の便、日当たり、将来高層マンションが建たないか、暴走族が横行しないか、などと考えれば土地はきわめて個別性の高い財である。そしてそれが適価で売れそうにないとなれば、他で流動性の確保を図ろうとするだろう。

金融もまた、個別性を持つ。借金をした人が返済できるかどうかはまったくその人の個別の事情によるからだ。金融を銀行が専門に行ってきたのも、そうした個別でしかない事情を仕分けし、返済可能性を算定する「審査能力」を専門的に持っているからである。銀行もそうした個別の債権について回収が困難と感じるならば、流動性を高めよう（「貸し渋り」）とするだろう。

日本型経済システムは、このように個別性の高い生産要素という社会の「実体」のあり方にかんし、一定の様式を当てはめる制度であった。バブルの発生と崩壊を経て、それが改革を必要としたのは事実であろう。また、それ以外の一般的な財市場にかんしても、技術の進展や消費文化の展開から新たな現実が到来しつつあり、それに対応する経済活動が準備されねばならなかった。しかしそのことは、新古典派ではまったく問題にされていない。

では、どうすべきなのだろうか。ひとつには、現に起きている消費不況からどう脱するかという問題がある。二つには、もともとは日本型経済システムをどう改革すべきだったかという問題がある。両者には関連があり、日本型経済システムは改革を迫られていた。だが改革の方法が土地神話の崩壊に始まる制度解体であったため、消費不況という別の難題を招いたのである。これを解決するには、貨幣以上に信頼しうる制度を作るしかなく、それには本来の制度改革を漸進的に進めるしかない。では、そもそも日本型経済システムはどのような現実に直面し、どのような改革を迫られていたのだろうか。

2 グローバル資本主義の不安定性

ハイエクの設計主義批判

この節では、生産要素のうち、資本の市場化、とくにグローバル資本主義の動向について、規制の撤廃と極端な市場化がどのような問題を引き起こすのかを見ていこう。

ハイエクは市場経済を、特定の時と所における個別具体的な取引のネットワークとしてとらえ、それが当事者の観点からしか理解できないものとみなしていた。ハイエクはこうした市場観を、終生をかけて批判した計画経済との論争から育んだ。

ハイエクが言わんとしたことのポイントは、社会において使用される知識の性質にあった。知識は、主観的に構成されている。第二章にも述べたように、「タイ」と「エボダイ」の区別は、生物学者が学術的に行うのではなく、個々の取引を通じて市場参加者が歴史的文化的に作り上げてゆく。そうした知識は、科学的な発見のように体系的・普遍的なものではない。しかもそれは事業機会に応じて、偶然かつ断片的な性質が利用される。ミカンは、いつ、どこでも経済的に等価ではない。江戸でミカンが払底《ふってい》したことを知った商人にとって上方《かみがた》で収穫されたミカンは、それを運べば巨万の富を得ることができる売れ筋商品なのである。それを知る人だけが儲けることができるのであり、市場とはそうした事業機会にかんする知識をいち早く生かす場なのだ。経済にかかわる知識は、「いつ、どこ」のものであるかが重要なのである。市場では、商品の属性を決めるルールと、その商品にかんする具体的な情報とが伝わる。

ハイエクはさらに、具体的かつ断片的な知識をともなう商品を売買する市場が、商品と貨幣を交換するための法や様々な慣行といった制度の下ではじめて円滑に機能すると考えた。市場と制度は一体化しているのであり、それを新古典派的な設計主義にもとづく社会主義の規制から解放するのが、本来の自由主義思想の使命だとみなしたのであった。ハイエクの立場からすれば、「設計主義」を特徴とする新古典派にもとづく構造改革が、自由主義市場の創設を目指すと言いながら、その実、国家統制を強めているのも当然であろう。

冷戦終了後に到来した世界

ところがハイエクは、現実の社会主義勢力と闘うという政治的な配慮ゆえであろうか、新古典派そのものに対する批判をさほど強調してはいない。それに対してハイエクと同じ論旨ながら、新古典派批判の姿勢を明確に打ち出したのが、J・ソロス（Solos, Jorge）だった。

ソロスといえば、国際金融投機に携わって三〇年以上も勝ち続け、アジア金融危機ではその演出者としてマレーシアのマハティール首相から名指しで批判された稀代《きだい》の相場師である。そのソロスが『グローバル資本主義の危機』（注4）を著し、国際金融市場を制御不可能なものとした元凶として、新古典派を激しく論難している。以下、同書の記述を紹介しよう。ソロスが国際金融市場の自由化を批判するというのは天に唾《つば》するような所為だとして揶揄《やゆ》する人もいるが、彼は一方で三一ヵ国に財団を持ち、「開かれた世界」をめざす運動に毎年四億ドルを寄付する慈善家としても知られている。「ジキルとハイド」さながらの二面性を持つ人物なのだ。

興味深いのは、彼が慈善や国家間の贈与について検討するのみならず、謝辞でポラニーの『大転換』を読んだと書いていることだ。ポラニーによれば、資本・労働・土地という生産要素は、商品にはなりきれないにもかかわらず、市場で取引される特異な商品である。したがってそこに制度や規制がともなうのは当然のことだ。市場部門と非市場部門の境界が、それによって画されるからだ。ソロスもまた、資本主義経済は市場部門と非市場部門に分けられるという。そして生産要素のうちでもとりわけ資本（貨幣）は、取引が市場化されると経済全体を大混乱に陥れると述べるのである。

ソロスによれば、社会主義経済は「閉ざされた世界」であり、静的な需給均衡をめざす。けれどもそれは、技術においても嗜好においても激動する世界では、存続可能性を持たない。これはハイエクと同じ社会主義理解である。ところが社会主義経済が消滅したのちに、市場経済のルールやその改善を開かれた場で決めてゆくものとして、彼やハイエクが理想とする「開かれた世界」が登場したかといえば、そうではなかった。ハイエクは、自由な市場は趨勢《すうせい》として秩序をみずから生み出す性質を持つとみなしていた。つまり社会主義やその変形であるケインズ主義という設計主義さえ打倒すれば、市場経済は自生的に秩序化すると考えたのである。ただしここで言う「秩序」とは、需給の均衡ではなく、市場参加者が抱く期待がおおよそ現実に満たされることである。

ソロスによると、ハイエクとともに自分もまたそう希望していたが、そのようには事態は進まなかった。というのも冷戦終了後の世界では、新古典派の「市場原理主義 (market fundamentalism)」が金融自由化を強引に推し進め、「開かれた世界」とは似て非なる「グローバル資本主義」を作り上げてしまったからだ。市場原理主義者は、「グローバル資本主義」は秩序を自生的に生み出すものだと主張する。需要と供給が消費者の嗜好と企業の技術から導出されるなら、価格がそれを調整するからだ。

けれどもソロスの見るところ、グローバル資本主義の問題は、すべての財の市場においてそのように需要と供給が市場の外部にある嗜好や技術を反映してはいない点にある。国際金融市場はとくにそれが顕著であり、それゆえ不安定性をはらんでいて、しばしば危機的状況に陥るという。したがって国際金融市場は規制や許認可の下に置かれねばならず、それにもかかわらず市場原理主義が金融の自由化を進めたために、グローバル資本主義はしばしば危機に見舞われたというのである。

相互作用性とグローバル資本主義の病理

ソロスによると、根本的な問題は、市場経済の「誤謬性《ごびゅうせい》 fallibity」および「相互作用性 reflexivity」という性質である。誤謬性というのは、社会を記述する理論をめぐる性質である。自然科学が対象とする自然は観察者にとっては外部にあり、一方通行的に観察され、記述が事実と一致すればそれで真理だとされる。ところが社会科学の対象である社会、なかでも市場では、理論があるとしても歴史的に一回限りしか適用されない側面があるから、普遍的に妥当する命題の真偽は事実によっては判定しようがない。人はその人なりの仮説にもとづいて行動するが、それはすべて誤りである可能性があるということだ。

では理論は無駄かというとそうではなく、しかしそのなかには実りあるものもある。というのも誤った理論だとしても、多くの人がそれを信じて行動するならば、理論の予測が実現する可能性があるからだ。「貴金属は呪文で金に変えることはできないが、人々は誤った理論を提起したり、願望を成就させるような予言をしたりして、金融市場で大儲けをしたり、政界で権力を得たりすることはできる」のだ。それを可能にするが「相互作用性」である。

相互作用性とは、社会に参加している人が自分の参加する状況を認識しようとすること（ソロスはそれを「受動性」と呼ぶ）と、現実を自分の願望に合わせて形成しようとすること（「能動性」）が同時に働いている状況のことを言う。この指摘は、すでにハイエクが示唆していたものだ。ハイエクの場合は、市場経済にそうした「相互作用性」が働くとしても、人々が法の下で経済活動を営む限りで、それはあくまで秩序を自生させると楽観的に考えていた。ところがソロスは、それを早計として批判する。

相互作用性は市場一般の持つ性質で、たとえば企業のマーケッターは消費者の嗜好《しこう》を調べて流行を読みとり、それに即して新製品を開発したり、広告を仕掛けて嗜好や流行を書き換えたりする。企業は市場や消費者に対して受動的であるだけではなく、能動的でもあるわけだ。だが、それでも一般の商品の場合は、市場では主な企業の期待がおおよそは事実に合致するだろう。というのも、企業が持つ技術的な条件はある程度まで固定的であるし、消費者の嗜好は最近では「生《なま》もの」のように変化しやすくなってはいるものの、それでも一瞬で消え去ったりはしないからだ。市場にそうした基礎構造（ファンダメンタルズ）の安定性がある限り、価格は供給のコストや需要の強さを反映しつつ、需給を調節する。一般の商品では、市場には価格メカニズムが有効に機能するのだ。

ところがソロスの言う「グローバル資本主義」は、物財やサービスが自由に貿易されるというだけのボーダーレス・エコノミーではない。ボーダーレス・エコノミーはA・スミス（Smith, Adam）が一八世紀イギリスで目の当たりにしたものであったし、金本位制からブレトン・ウッズ体制までが保障しようとしたものであった。ところが金融自由化以降のグローバル資本主義は、資本の自由移動までも認めるようになった。資本は土地や労働よりも移動しやすく、金融資本ならばなおのこと移動は容易である。そして国際金融市場に相互作用性が働くと、市場はときに激しく不安定化する。ソロスが「グローバル資本主義の病理」と言うのはそのことだ。というのも金融市場における需要と供給は、一般的な商品のそれのようには安定していないからだ。

為替市場や株式市場で投機を行おうとする人にとって、「売り」や「買い」はその人の生産技術や消費欲望にもとづいてはいない。将来価格が上がると予想されれば現在買うのだし、値下がりすると予想すれば売り払う。転売そのものを目的として差益を得ようとするのだから、技術や嗜好とは無関係に、たまたま価格の変化があればそれで儲けることができる。

ミクロ経済学の教科書にも述べられているように、商品の価格が上がると一般的な技術のもとで供給は増え、通常の商品に対する欲望のもとで需要は減る。供給と需要のそうした性質は、価格が需給ギャップを調整したときに安定的に均衡に導く。均衡の「安定条件」が満たされているのである。ところが投機においては技術や欲望といった背景なしに需給が形成されるから、安定条件が満たされるとは限らない。価格を調整しようとすればするほど、需給ギャップが広がってしまう可能性があるのだ。資産市場ではそうしたことが起きやすい。それが金融危機である。

美人投票論と慣行

このように、投資が実物としての機械を据え付けたり、消費者の好みを読み解いて製品化したりするという企業の活動を離れるところに、金融資産の投機の特質がある。これについて『一般理論』でいち早く指摘していたのが、他ならぬケインズだった。彼の言葉によれば、「企業が主としてそれを起こした人々やまたはその友人や協力者によって所有されていた古い時代には、投資は、一生の仕事として事業に乗り出す血気盛んで建設的衝動に駆られた人々がふんだんにいたことに依存して」いた。しかし「今日広く行きわたっている所有と経営の分離にともない、また組織された投資市場の発達につけて、時には投資を促進し、時には経済体系の不安定性を著しく高める、きわめて新しい要因が導入された」。

ここでケインズが「新しい要因」と呼んでいるのは、証券市場が整備されたせいで、すでに投資が行われ現在稼働中の企業についても、価値評価が日々更新されるようになったということである。そのせいで、新規に投資するかどうかを決定しようとする際には、既存企業を買収した場合と比較せねばならなくなった。しかも株式市場における企業の価値評価は、投機にもさらされている。そのうえ二〇世紀初頭のアメリカは、株式市場は「玄人《くろうと》筋の投資家」だけでなく「素人投資家」にも開放される時代になっていた。そこで「ある種の投資物件は、専門企業者の真正の期待によるよりもむしろ、株式取引所で取引する人たちの、株式価格に現れる平均的な期待によって支配されるようになる。それでも投機が株価を安定的に値付けするなら、企業における設備投資なども秩序立って行われるだろう。

ケインズによると、一九世紀の末までは「玄人筋の投資家」が企業を、新たに行う投資について詳細な情報と専門的な知識をもとに評価し、彼らのそうした行動が株価を決めてきた。株式市場で彼らの存在が主であるとすれば、素人はそうした評価が下せないという理由で損をするし、それゆえに評価眼を向上させようとするだろう。市場競争は投資家の質を高めていたのだ。そうであれば、株式の需給は技術や嗜好を映し出しているはずだ。ところが株式のうちで「素人投資家」の保有する部分が大きくなってくると、そうとだけはいかなくなる。つまり株価は専門的な判断によっては形成されなくなるのである。

というのも株式投資の目的が、安値で買って高値で売り、差額であるキャピタル・ゲインを得ることだとすると、短期的な株価の変化に関心を持たねばならなくなり、そのためには株価を支配する素人たちの動向に配慮せざるをえないからである。そこで、「投票者が一〇〇枚の写真の中から最も容貌の美しい六人を選び、その選択が投票者全体の好みに最も近かった者に商品が与えられる」という「美人投票」と似た状況が支配的になってくる。ケインズも言うように、この「美人投票」のゲームでは、それぞれの投票者は自分が最も美しいと思う写真を選ぶのではなく、投票者の平均が最も美しいと考えるであろう写真を選ぶのでもない。つまり、自分や平均的な人の好みを問うているのではない。そうではなくて、好みであるか否かはともかくとして、平均的な意見が誰に投票するのかを読み解こうとするのだ。

そもそも玄人筋による専門的な判断にしたところで、自然科学のような決定的な予測の方式にのっとっているものではない。情報を持ってはいるにせよ、「美人投票」であることには変わりがない。企業や消費者にかんする情報を持つものだけが投機するにせよ、思惑で売り買いすることはありうる。それゆえ蓋然性《がいぜんせい》の高い事象が必ず起きるとは限らず、判断は、最終的には根拠のない確信によるしかない。しかもそこに情報を持たない素人が加わると、群衆心理が支配的になる。そして玄人もまた、株価を予測するにはそうした素人の群衆心理をも算入せざるをえなくなる。技術や嗜好について通暁《つうぎょう》したり他を出し抜くプロであるだけでなく、さらに素人の群衆心理にも目配りしなければならないのだ。

では、そこまで判断があいまいな株式市場が、そもそもどうして存在しえているのか。ケインズは、それは「人々が現在の事態が無限に持続すると想定する」という「**慣行** convention」があるからだと言う。だから、玄人投資家にしても、設備投資が生み出す製品が今後、毎年どれだけの収益を上げるのか（資本の限界効率）について予測するよりも、一般大衆が美人投票的な投機行動に出るときに慣行がどう変化するかを予測するようになるという。

それゆえにケインズは、景気循環は、企業家や玄人投資家の抱く「資本の限界効率（への確信）の崩壊」→素人投資家の「幻滅」という回路で発生するとみなした。逆に確信が強まったり幻想がふくらむ場合がバブルである。玄人が市場を動かすと、慣行により変化しないと予想していた素人は、驚いて追随する。そして群衆心理は幻滅の方向に向かうと萎縮することになるから、より安全な資産を求めて流動性（貨幣）を確保しようとする。そうした行動は、経済をいっそう不況へと追いやるだろう。ケインズは述べる、「これはいわゆる「流動性」に主眼を置いて組織された投資市場の不可避の結果である」。

暴走する相互作用性

このように資産市場で投機がなされると、将来価格への期待や他人の期待への予測が資産に対する需給それぞれの大きさに直接影響してしまう。つまり相互作用性を示すことになる。新古典派では、一三七ページで述べたように、制度や嗜好、技術や期待は市場に外在していて、需給が均衡するまでの期間は変化しないものとされている。そうした期間において価格なり数量なりが調整して、安定条件が成り立っている限りでは、需給が均衡に収斂していく。そしてそれと同様のことが、資産市場においても成り立つと考える。新古典派も、市場参加者が価格の動向を予想するという意味では相互作用性を認めている。「効率的市場仮説」は、資本市場における株価はある企業に関して一般に知りうる情報をすべて反映している、と主張している。必ず適正というのではないにしても、可能な限り正しい価格になっているという意味で、資本市場は効率的だとするのである。これは、市場参加者の考えと景気や企業業績などの経済の現実の基礎条件（ファンダメンタルズ）が一致しているという意味で、市場は均衡しているという仮説である。

ところがソロスの見るところ、株価が反映するファンダメンタルズは前年度の収益や配当、資産価値だけではなく、将来のそれも含まれる。それは受動的に認識されるだけの既定の情報だけではなく、これから生まれる推測や思惑にも及んでいる。したがって彼の言う相互作用性においては、ファンダメンタルズとはいえ会社の風評やイメージまでも株価の動向に引き入れられることになるし、それを市場参加者が積極的に操作することも可能になる。それゆえ金融は、「錬金術」なのだ。相互作用がなければほどよく分散していただろう需要と供給は、市場を駆けめぐる情報によって左右され、ときに大きく偏《かたよ》ると売り浴びせが起きたりする。

ソロスが懸念するのは、ケインズがすでに察知していたような株式市場における無根拠性・不安定性が、国際的な金融緩和によってさらに拡大しているということである。各国の金融資産市場が緊密に結び付き、金融商品は予想もつかない技術革新を遂げ、さらには情報革命の浸透により取引の規模が拡大し、速度が極度に高まったために、危機は国際的に一瞬にして波及するようになったのだ。

近年の裁定取引は、満期やクーポンレート（利率）、信用度において同じ証券のAとBに価格差が生じたとき、エンジニアがコンピュータを駆使して複雑な計算式を解き、その差をいち早く検出して割安な方を買い割高な方を売るというようにコンピュータ化されている。しかもその決断は、形のある財やサービスをともなわないのだから瞬時に行われ、コンピュータで管理されているせいでその速度は著しく加速する。ヘッジファンドは規制が緩《ゆる》やかなタックスヘイブン（租税回避地）を拠点にして少数の大口出資者から資金を集める私募形式の投資信託で、一国の通貨価値を揺るがすほどの巨額の取引を行っている。しかも純資産を元手に国債を買い、それを担保に融資を受けるというやり方で、何倍にも増やされる。現代の国際金融は、取引の速度や規模が巨大化しているのである。

とりわけ他人の資金を運用する機関投資家の場合、他の機関投資家と運用成績が比較されるため、トレンドに追随する傾向を持つ。それゆえ流行は増幅し、人気・不人気も加速する。ブームの市場には一気に資本が流入し、それでブームが加速するとさらに資本が流入するのである。ところが逆の場合も資本は足早に逃避してしまう。通常でこそ均衡から離れても元の状態に戻るが、ブームとバストを繰り返すなかで波がある一点を超えると、元の点に戻らない動的不均衡に陥り、大幅な期待はずれが全面化し、破綻すると、ソロスは言う。こうした不安定性は、ＩＭＦなどが論じたてたようにアジア的な「クローニー・キャピタリズム」（仲間うちの資本主義）が原因ではない。日本型経済システムのせいでもない。というのも不安定性は、グローバル資本主義そのものの本来的な性質だからだ。

規制の再編を

九七年にタイのバーツ暴落からアジア全域に拡大した通貨危機は翌年はロシアにも燃え移り、ヘッジファンドのロングターム・キャピタル・マネジメント（ＬＴＣＭ）の経営破綻が表面化し、投融資していたアメリカの各金融機関は、巨額の損失を抱え込むことになった。さらには中南米までも通貨危機にさらされた。こうした経済危機は、ちょっとした短期の調整過程でしかないとはとても言えそうになく、「恐慌」の前触れと言ったほうがふさわしい。一九九〇年代以降の国際資本移動は、「経常収支の黒字国から赤字国へ」といった、ファンダメンタルズの制約を受けない部分で急速に肥大化したのである（注５）。

もちろん、ヘッジファンドやミューチュアル・ファンドが市場に不安定性だけしかもたらさないわけではない。資産の流動性を高め、余剰資金を生産的投資に効率的に振り向け、リスクを回避して企業が本業に専念できるのはそれらの長所である。一方、各国の市場を複雑に相互作用させ、金融危機の国際的な「伝染」スピードを加速させたのは、短所である。ロシアでのＬＴＣＭの失敗では、想定しえない状況の下で、逆に金利差が大きくなる事態が起きたのである。ところがヘッジファンドの多くは少人数を顧客としているために、監督当局は実態を把握していなかった。それにもかかわらず自由な取引が放任されたのは、「市場原理と自己責任にもとづいて行動すれば、経済は秩序づけられる」という市場原理主義が大勢を占めていたからであった。

ヘッジファンドや変動相場制への「規制」を唱えたマレーシアのマハティール首相は、アジア通貨危機後の九七年九月の段階においてすら、欧米から猛烈な罵倒を浴びたと回想している（注6）。ところがロシア危機で、アメリカの連銀（連邦準備銀行）は音頭を取って大手金融機関に動員をかけ、ＬＴＣＭに総額三五億ドルもの緊急融資を実施した。またアメリカ政府はＩＭＦ総会で、「資本勘定の完全自由化」路線の修正を求めた。これは、危機とその処置にかんする理解が、市場均衡の想定から逸脱したことを物語っている。こうした変化のなかで、マハティール首相の政策にも、一転して共感する声が高まった。

国際金融政策について日本に求められているのも、外資を拒絶するのではなく、また外資受け入れに合わせて国内経済制度を根こそぎ構造改革するのでもない、規制の再編だろう。それによって、外資の出入りに国内の経済制度が耐えられるようにするのである。

相互作用性は、新古典派の理想論が語られる構造改革論によって市場が消費不況に陥ったケースでも働いている。というのも、一斉に制度が崩壊しつつあることを感じたために（受動性）、人々は消費性向を低めて貯蓄し（能動性）、その結果として有効需要が減って不況になっているからだ。

自分の仕事に自信があったとしても、個性があり一般化されることがないと考えれば、売り先を見つけられなかった者は流動性を高めようとして貨幣を保有するだろう。生産要素の特質が個別性にあるとするならば、流動性が低くなったと判断されたそれを持つ「弱者」から順に、対極にある流動的な貨幣を保有しようという動機を有するのである。それゆえ消費者は、同時に労働者でもあるという理由から、制度崩壊の観察者であり、同時に個人消費を支える参加者でもあるのだ。このように現在の日本経済は、不況に喘《あえ》ぐなかで金融市場を大幅に規制緩和した（市場原理を外部から押しつけた）ために、グローバル化したと同時に著しく不安定性に覆われてしまったのである。

結局のところ金融にかんしては、自由化にいかに備えるのかというのが日本経済の最大の課題であった。これに対してBIS規制に服しつつ、ペイオフを実行し、それらを通じて間接金融中心から直接金融中心に体質を変えるというのが、構造改革論の方針であった。実際、ソニーやトヨタなどは八〇年代からすでに外国で起債しているため国内の金融機関の支配を脱しているから、銀行が体質を変えねばならないのは自明だった。また地方銀行は、地域に密着して経済活動を行う企業に対し、親族関係の内実に至るまで詳細に調査し、信用を審査してきた。銀行から融資を受けるしかない中小企業が九九％を占める日本では、そうした審査力に優位をもつ銀行には生きる道がある。とするならば金融庁は、主要行をも中小企業への融資で収益を上げるよう、誘導すべきである。しかし国際業務にかかわりたいという理由から、BIS規制に服した主要行は、貸し渋りに走った。またペイオフのせいで、預金が中小行から巨大行に流出しもした。こうした現状は、中小企業重視という銀行業のありうべき姿からは、逸脱している。

ペイオフについては、引退家計は年金収入以外には退職金などの資産を予算としているだけに、無期限凍結すべきではないか。というのもこれまで、もっぱら土地や銀行預金で維持されてきたからだ。年金制度が不安視されているだけでなく、土地神話が崩壊したため、さらにペイオフが導入されると将来不安を引き起こすだろう。

ＢＩＳ規制にかんしては、導入したことによって土地神話が崩壊し銀行の自己資本が減価するなかで信用を損ない貸し出しが縮小し、企業の投資も低迷して株価が下がるという悪循環が定着してしまっている。土地が安全資産でなくなる過程でＢＩＳ規制を導入するのは不可能だったのではないか。したがって一時離脱も検討すべきではないかと思われる。またこれまで述べてきたように、信頼すべき制度が崩壊するなかで直接金融に移行するのも不可能だろう。

3　都市再生政策の病理

日常景観ができあがるまで

生産要素の市場化という観点の第二は、景観である。ポラニーは土地の市場化が自然破壊をもたらしたと述べたが、日本では景観が経済的な収益率という観点から土地をとらえることの犠牲となってきた。

わが国の景観は、他の国々と比べても類を見ない特異なものとなっている。それは古き良き日本を思い浮かべて来日する外国人が、景観を見るにつけ嘆息することからも明らかであろう(注7)。その特異性は何に由来するのだろうか。増殖する架空電線、均質化する郊外ロードサイド景観、公共事業に対する景観訴訟、逆にマンション建設を規制する条例――以上四件につき、私はケーススタディを通じてその特異性の理由について検討してみたことがある(注8)。

それらを分析して得た結論が、日本において国民が日常生活上で接するこうした景観(以下、「日常景観」と呼ぼう)(注9)を構成する要素は、二つの原則によって形成されてきたということであった。第一は、景観を著しいまでに醜く変える原動力となったのが、公共事業であるか民間の事業であるかは問わず、国土の活性化とは「再開発」のことだとみなす発想である。景観は、景気対策であれ利潤動機であれ、経済的な理由によって創られてきたのだ。

第二に、経済活動は規制の下で行われるが、景観にかんしてはその保全のために都市計画法や建築基準法が設定されている。ところが日本では、それらが地域の文化や伝統、風土の差異にはかかわりなく国によって画一的に定められているのである。しかも憲法の水準において、財産権や土地の自由転売が保障されている。それゆえに地域が歴史的にはぐくんできた景観を住民や自治体がビル建設や公共事業などの再開発から守ろうとしても、再開発事業が都市計画法や建築基準法に抵触していない限り、訴訟の場においてはより上位の法、最終的には憲法に権原を遡及《そきゅう》するために、再開発の実施が容認されてきた。

　このような状況にもかかわらず、景気浮揚のためには「構造改革」が不可避であるとの認識から、政策の目玉として「都市再生」が打ち出されている。これは土地を市場で流動化させようという施策で、そのために規制緩和するという。その内容は多岐にわたるため一律には括《くく》れないが、容積率や高度制限の緩和が注目されるように、全国で画一的である規制すら緩和されようとしている。また再開発に向け、巨大な公共投資も復活しつつある。

　そうした動きとともに、とりわけ東京においては汐留《しおどめ》や品川駅東口、東品川、六本木などで巨大な高層ビルが急ピッチで建設され、景観の激変が身近に感じられるようになった。第一章でも述べたように、その建設スピードは新宿西口の高層ビル群のそれをはるかに凌《しの》ぎ、新たに現れつつある建築物が既存の景観に配慮しているとはとても思われないため、波紋を呼んでいる。そして都心でそうした流れが強まるにつれ、日本の景観をさらに破壊するという懸念から、全国の多くの地域で巨大建築物の建設に反対する運動もまた活発化している。

　そうしたなかで、「国立《くにたち》マンション訴訟」にかんし二〇〇二年末に東京地裁が下した判決は、画期的なものであった。事業者に対し二〇メートル以上の部分を撤去するよう命じ、その論拠として**「景観利益」**なる概念を持ち出したのである。この概念は、戦後日本において景観をめぐるこれまでの状況を一変させる可能性を秘めるものだ。「再開発」および「画一的な法」という戦後日本の日常景観を作り上げてきた強力な二本柱に、くさびを打ち込むものだったからである。

戦後日本の国政は、経済成長中心に実施されてきたと言える。それは敗戦直後に経済の建て直しが必要とされた時期をはるかに越え、高度成長を成し遂げた後にも、慣性のごとく維持された。成長率の維持が何よりも重視され、それに比して景観の保全、正確には日常景観の保全は、あたかも贅沢品《ぜいたくひん》のごとく、国政においては無視されてきた。せいぜいのところ国によって価値が認定された歴史的建造物や伝統的町並みだけが、保全の対象とされてきたのである。

戦後日本の国土計画は、主に経済計画の観点から立案されてきた。その支柱となったのが、一九六二年以来の四次にわたる「全国総合開発計画（いわゆる全総）」である。それは一貫して、都市部の過密の解消と地域間格差の是正を目標とするものであった。つまり、経済の成長と平等を、国土計画において実現しようとしたのが「全総」であった。たとえば六二年の第一次「全総」では、規制・誘導すべき過密地域や開発促進の基盤整備をすべき開発地域などに全国を色分けし、開発の担い手を「新産業都市」とする「拠点開発方式」が採られた。政府の目論見《もくろみ》は、全国に産業拠点を分散させることにより、人口や資本も同時に分散させ、それを通じて過大都市への集中を緩和し地域間格差を解決するというものであった。

その新産業都市の候補としては、四四ヵ所が名乗りを上げた。自治体は地域の開発に当たり、国家プロジェクトを誘導しようとする傾向を有していたのである。その結果、新産業都市として一五ヵ所、それに準ずる工業特別指定地域が六ヵ所指定された。そして企業立地のため、海面が埋め立てられ、港湾や道路が整備され、これらの拠点と四大工業地帯とを結ぶ交通ネットワークが形成されていった。

以下、第二次全総以降、中央官庁の主導の下、国際競争力をつけるべく基幹産業の育成が図られ、臨海型の大規模工業コンビナートが建設され、新幹線・高速道路も建設された。ところが七〇年代に高度経済成長が終息し低成長時代が到来すると、大都市では人口流入と核家族化のため住宅需要が高まり、供給不足から過密と地価高騰を招く。それにともない都心から郊外に宅地がスプロールしてゆく。そこで次に居住人口の分散をめざす「定住圏構想」が打ち出される。こうして戦後日本では、人口の急激な移動とそれを可能にする国土作りが実施され、「成長と平等」が実現された。すなわち経済を成長させるべく自然や地域の伝統が破壊され、平等を確保すべく全国が均質化されたのである。

とりわけ高度成長期が終わり低い成長率であれ維持しようとすると、民間の投資では総需要が不足する。そこで公共事業や福祉に財政資金が傾注された。だが七〇年代も末期になると財政赤字がかさみ、緊縮財政が課題となる。それゆえ八〇年代には、八一年に臨時行政調査会（臨調）が財政再建と行政の効率化を唱えたのがきっかけとなり、民間活力（民活）に注目が集まった。それが端的に表現されたのが八五年の「民間活力総論」である。こうして規制緩和と国営企業の民営化が焦《しょう》眉《び》の課題とみなされるようになった。

とくに八五年、中曽根内閣は、サッチャー、レーガンの新自由主義に歩調を合わせ、規制緩和・

都市再開発政策の「アーバン・ルネッサンス」を打ち出す。民間の過剰資本を都市再開発に向かわせようと、民活法・リゾート法を制定したのである。そして経済はバブル化し、過剰資本が都心から地方都市に溢れ出て行った。

このように戦後日本においては、公共資本は河川にダムを造り、海浜に護岸をし、次いで民間資本が地方都市にマンションを建設した。公共にせよ民間にせよ、国土の再開発のために資本が投下されていったのである。ところが九〇年代に入りバブルがはじけ、経済は沈滞する。当然、マンション建設なども停滞する。そこでふたたび規制を緩和し、中央銀行も限界まで金融を緩和することで、バブル期同様にふたたび資本が全国に溢れかけめぐるようし向けている。高層ビルやマンションの建設ラッシュは、このような経済的動機から起きたのである。

法規制と自治体による景観保全政策

経済における成長と平等は、景観を形づくる自然や伝統に破壊と均質化をもたらす。それを防ぐのは法であるはずだが、経済政策や国土計画が中央省庁からトップダウンで実施されるのを支えるかのように、建築基準法や都市計画法もまた全国一律に適用されている。

ところがたとえば都市計画法に六八年に導入された「線引き」は、「すでに市街地を形成している区域及びおおむね一〇年以内に優先的かつ計画的に市街化を図るべき区域」である市街化区域と、「市街化を抑制すべき区域」である市街化調整区域を区分し、一定規模以上の開発には届け出を求めることにより、人口流入によって開発される地域を市街化区域のみに押しとどめようとした。ところが市街化区域のなかには既成市街地と未開発の農地が含まれるのに、一律に開発のための届け出ルールを当てはめたせいで、届け出不要の小規模開発が農業地域にスプロールしていった。また市街化調整区域でも大規模なゴルフ場開発が行われたり、住宅地需要に突き動かされてやむをえず建設が認められたりした。

さらに都市計画法の「ゾーニング」は、住宅地・工業地・商業地などの用途を地域により割り当てるもので、建築基準法にもとづき容積率や建坪率を組み合わせている。ところがその立地規制が緩やかであるために、地価の高騰とともに工業地域に住宅が進出し、結果的に住工混在を容認してしまっている。

このように都市計画法では、乱開発をくい止めて、地域により特色のある景観を保全することができなかった。その穴を埋めるために六〇年代半ばから自治体が編み出したのが、「要綱」であった。要綱は法ほどの強制力は持たないが、行政指導により、宅地開発に際して都市計画法で定める許可基準に上乗せして地域独自の施設整備基準性を定めたりした。ところがそれは国の国土計画からすれば宅地・建築面積の増大という方針に逆らうもので、とくに八〇年代からは、要綱つぶしが国政の基本的な流れとなる。八三年に建設省や自治省が指導要綱の規制緩和を繰り返し各自治体に通達し、八四年に武蔵野市が要綱により水道を引かなかったのが東京地裁で違法とされたのを機に、要綱を違法とみなす判決が続出する。これを機に経済のバブル化によって過剰となった資本はマンション建設に向かい、その波は全国に及んでいったのである。

その後、九〇年代になると、マンション建設による景観破壊を水際で押しとどめるべく、神奈川県真鶴《まなづる》町のように要綱よりも法的性格の強い条例を定め、地域の事情に応じた土地利用規制や形態規制を、都市計画法・建築基準法に上乗せするという試みがなされていった。しかしそうした規制は、マンション建設業者から訴訟を起こされれば、より上位の法によって否定される可能性をはらんでいた。ところが折から気運の高まっていた「まちづくり」においては、地方議会や市民の議論によって主導されてしかるべきと考えられるようになっていた。上位の法と自治体独自の条例が、地方議会で正当な手続きさえ踏めば両立するとみなされるようになったのである。

そうした折にバブルが消失したこともあり、上位の法が保障する財産権と景観を守ろうとする条例の規制とが本当に対立しないかどうかという問題は、一時的に棚上げされることとなった。だがここに、容積率の緩和や土地の流動化によって新規需要を目論む都市再生論が浮上してきたのである。

見当違いの「都市再生」

都市再生策には様々なものが含まれ、一概には括れないが、流通面積の拡大が収益をもたらすという見込みについては、的はずれであることが予想される。たとえば一九七四年に施行された大型店舗規制法（大店法）が八〇年代後半から徐々に緩和されたことにより、零細小売店が淘汰され大型店が増えたという主張がある。六〇年代の流通革命論以来、いまだに蒸し返される議論である。

ところが図3-1のように、実証分析によれば、零細小売店の数は一九八二年まで一方的に増え、ピークを超えると漸減している。ということは、スーパーの上陸でアメリカ流の流通革命時代の到来が懸念され、しかし規制による保護が与えられなかった六〇年代以降も、零細小売店は淘汰され

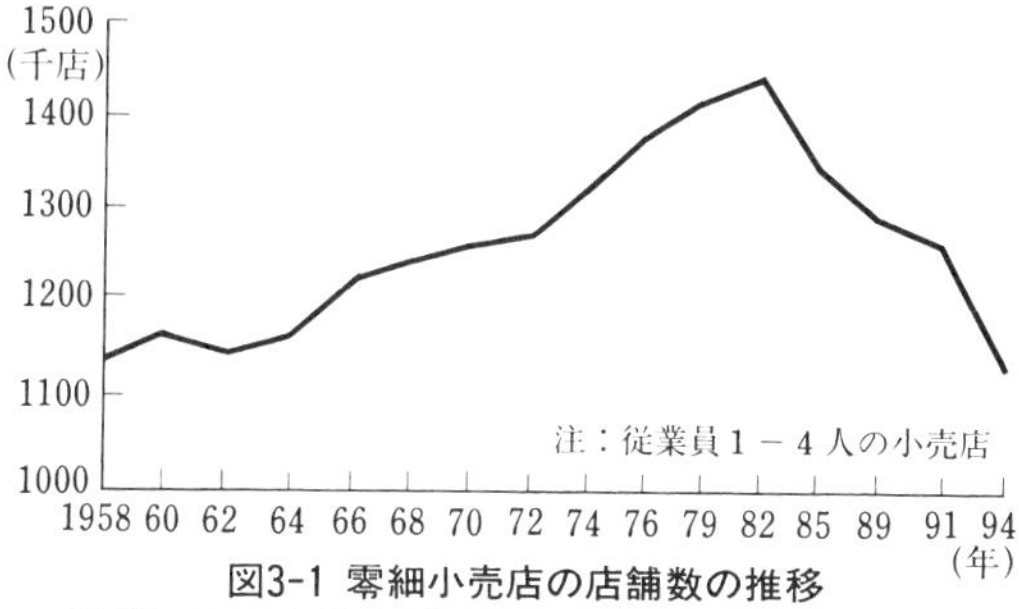

図3-1 零細小売店の店舗数の推移

(出所) 橘川武郎「「消費革命」と「流通革命」」、『20世紀システム3――経済成長II　受容と対抗』(東大出版会、1998年)

なかったことになる。七四年に大店法が施行されたから、八二年までは法の保護の下で店舗数が増えたことになるが、規制緩和が一部でも始まるのは八〇年代の後半からである。ところがすでに八二年頃から零細小売店数は減ってきている。ということは、店舗数の減少は規制緩和とは無関係ということになる。大店法は売り場面積の大きい店舗を規制したが、狭い場所でも効率的に売り上げを上げるコンビニエンス・ストアがそうした過酷な条件においても登場し、一大勢力として定着したために、売り場面積が広がればそれで売り上げが増えるということにはならなくなったのだろう。また零細小売店舗数の減少は、商店街での跡取りが減っていることが原因のひとつであると推測される。

　ということになれば、規制緩和の一形態として容積率や日陰規制の緩和による建築物の高度化が注目されているが、そうした

「都市再生」についても、期待されるほどの効果があるとは思えない。都市再生というならば、成熟した都市住民のアメニティ（快適さ）のために、本来は古くなったが味わいのある建築物にふたたび息を吹き込むような修復、ないし「リノベーション」が行われるべきだろう。ところが現在は、土地の収益率を上げるためにそうした建物をひたすらに壊すことをもって都市再生という言葉が使われている。

図3-2と図3-3を見てみよう。百貨店およびスーパーの、一平方メートル当たりの売上高と売り場面積の増減率とを重ねたものである。ここに顕著なのは、売り場面積が増えれば単位面積当たりの売り上げが反比例的に下がり、ちょうど逆の関係も成り立つということだ。容積率を上げて売り上げも増やすためには、単位面積当たりの売り上げが一定でなければならない。この想定は六〇年代の「流通革命論」以来、何の裏付けもなく前提されているが、この図から誤りであることは明らかだ。売り場面積が広がればそれに反して単位面積当たりの売り上げが減るのだから、百貨店やスーパーでは、売り場面積を増やしても売り上げはさほど伸びないのである。

たんに売り場面積を広げ安売りを行うだけで、単位面積当たりの収益率向上を図ろうとしなかったダイエー商法が破綻したのだから、空間を広げれば需要が増えるとダイエー創始者が唱えた流通革命論の理屈そのものが不良債権化しているはずだが、そうした神話はいまだ根強く残っているのである。新丸ビルのように一部で人気が沸騰しても、他の建物からは潮が引いたように客がいなくなり、再生したはずの都市がじきに不良債権と化すという懸念は、一部では二〇〇三年問題として

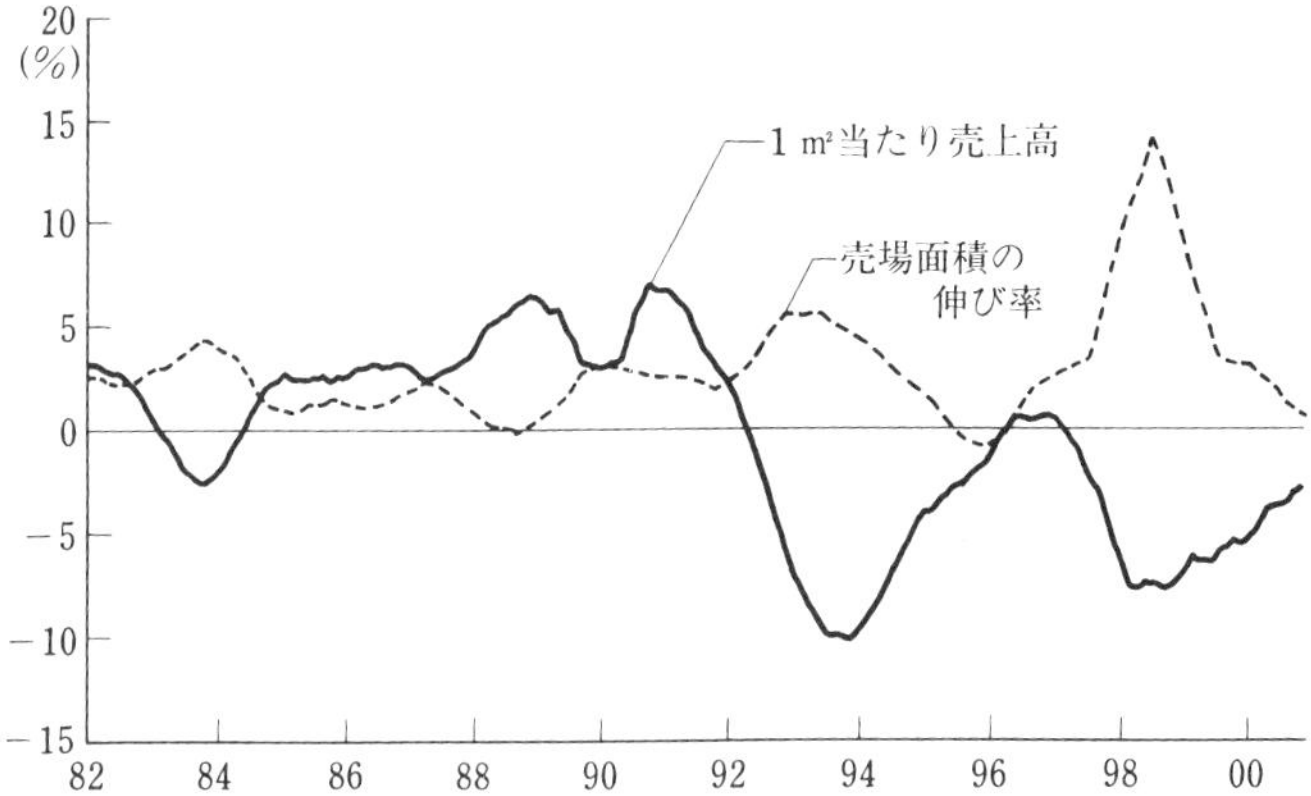

図3-2 百貨店の１平方メートル当たり売上と売場面積の増減率

出所：UBS Warburg証券『日本の小売業界ハンドブック』2001年度版

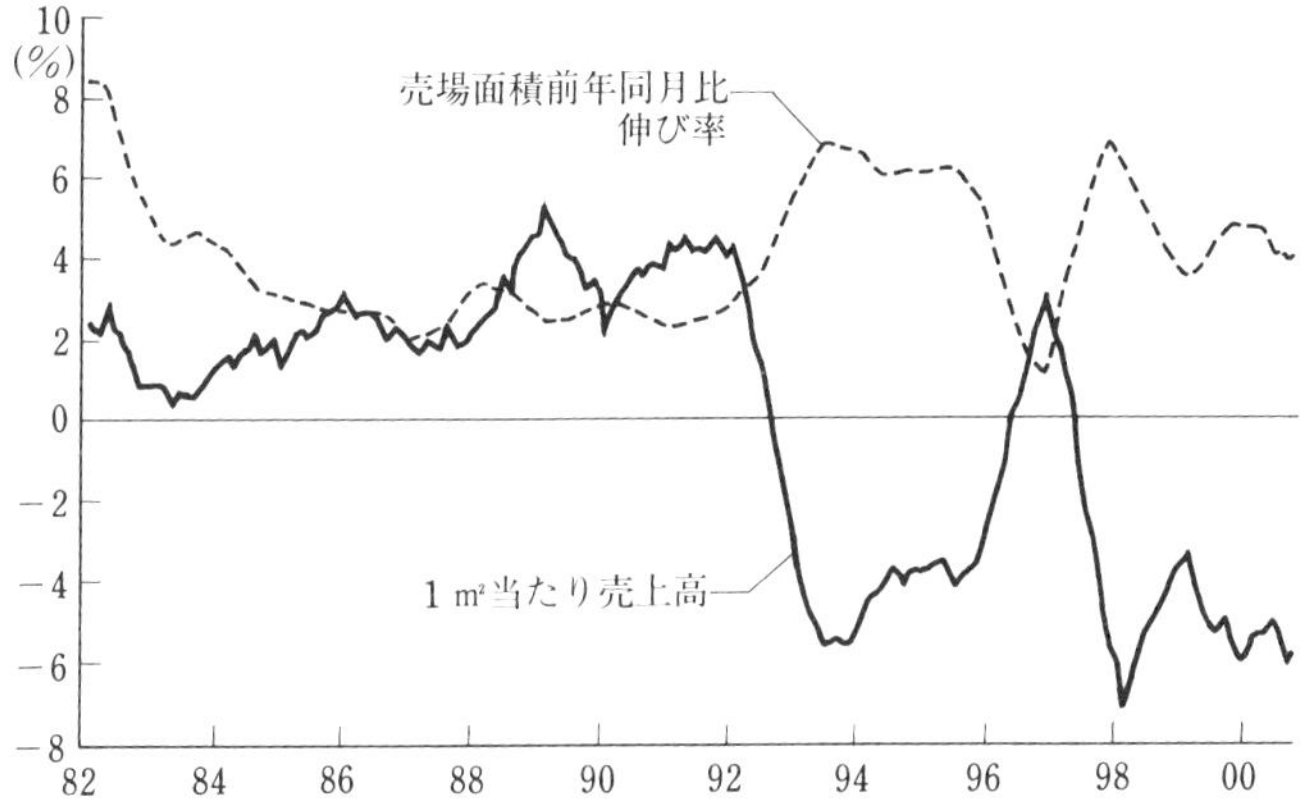

図3-3 スーパーの１平方メートル当たり売上と売場面積の増減率

出所：UBS Warburg証券『日本の小売業界ハンドブック』2001年度版

取り沙汰されている。この図は懸念にしかるべき論拠を与えていると言えよう。消費不況の下では消費者の財布の予算が椅子取りゲームの椅子同様に限られているのだから、いくら売り場を広げたところで売り上げが上がらないのも、当然の成り行きだろう。

景観の喪失がもたらすもの

地方都市や郊外の幹線道路を走っていて、車窓から見える景観に戸惑ったり苛立《いらだ》ったりすることがないだろうか。沿道の景観が東京郊外のそれと酷似していたり、つい先ほど見た光景がふたたびみたびと繰り返されるからだ。ラーメン店のけばけばしい看板、全国展開しているガソリン会社のスタンド、中古車の販売所、紳士服店、コンビニにパチンコ屋……。その多くは巨大な看板に店名のロゴが描かれている。いつ果てるともなく続く人工的で均質的な光景には、どこで出会ってもすでに見たはずだという既視感がつきまとい、そして自分がどこにいるのかわからなくなるような不安を人にもたらしもする。現代の日本の景観が貧しいのは、都会でスクラップ・アンド・ビルドが不可避であるのみならず、郊外もまた全国で味気ない形で均質化してしまっているからだ。このような景観の変化と均質化に囲まれて、そこに住む我々のなかで何かが失われている。

かつて景観は歴史や風土の現れであり、心のなかの「原風景」であった。景観は単なる過去への郷愁ではなく、人間の本性的欲求として求められるものという考えは、文学者や都市計画家により繰り返し表明されてきた。景観は歴史性と全体性を秘めるものであるから、安易に作り変えれば住民の原風景を崩壊させせかねない。急速な「変景」もまた歴史に断絶をもたらし、人間の適応能力を越えてしまうのだ。

地理学者のE・レルフ（Relph, Edward）は『場所の現象学』（注10）で、M・ハイデガー（Heideg-ger, Martin）の「場所」概念に倣《なら》いつつ、「場所の本質は、場所を人間存在の奥深い中心として規定しているほとんど無意識的な『意識の志向性』に存在する」と言う。さらに、「住まう」とは旅人のように場所を外から眺めるのとは異なり、その場所の「内側」にあって場所を自分の一部として生きることだ、と述べている。「アイデンティティの対象となるような場所を持たない人は、結局『ホームレス』であり『根無し草』である」。人は場所を創るだけではない。人は場所に創られもするのだ。場所と人間は、相互に依存し合っているのである。そしてそれにもかかわらず、現代の都市景観が「没場所性」を色濃くしているというのが、レルフの診断であった。

同じ高層ビルでも、上海のそれは中国の躍動や商業都市としての自信の表れであろう。それに比して日本の都心に屹立《きつりつ》しつつある高層ビルは、巨大な容器という以外に何事も物語っていない。そのことに唖然《あぜん》としない無神経な人々が、喜々として都市再生を語っているのである。

阪神淡路大震災では、避難所から仮設住宅へ引っ越した被災者のうち、何十人もの人々が仮設住宅で孤独死をむかえ自殺をとげたと言われる。理由としては、転居により「互いに声をかけ合って励まし合ってきた隣近所とまた別れ」ねばならなくなったことや、働き盛りに仕事から離れて酒に浸《ひた》ってしまうこと、生活してきた「場所」の景観から離れること、などが挙げられている。人間関係や仕事、住まい、つまり、ひっくるめて土地は、人にとってたんなる収益の対象となるような資産ではない。人間は記憶とともに生きる生物である。活力ある未来がイメージできるのも、確固たる記憶あってのことであろう。記憶をなくせば未来への希望も失われるのだ。

景観利益——国立マンション訴訟判決の画期性

地域において長い時をかけて生み出されてきた日常景観の保全を図るためには、公共および民間の開発事業とそれを正当化する国の法律がもたらす圧力を、ともにはねのけなければならない。ところがそれをめざそうとする訴訟において提起された「景観権」は、七三年の日光太郎杉訴訟でこそ杉並木の「歴史的価値」ゆえに認められたが（道路建設のための収用採決の取り消し）、それ以降はおおよそ確立したとは言えなかった。それにも理由はある。ごく一般的に景観を享受する権利というならば、新築マンションの住民もまた保持していることになり、古くから住む住民においてのみ保障するわけにはいかなくなってしまうからだ。その問題を回避した点で、二〇〇二年一二月一八日に東京地裁が行った国立マンション訴訟にかんする判決は、画期的であった。前述のように、この判決では、景観権ではなく、「景観利益」という概念が提示されたのである。

景観利益とは、「ある地域の住民らが相互理解と結束のもとに一定の自己規制を長期間続けた結果、独特の都市景観が形成され、広く一般社会からも良好な景観と認められて付加価値が生まれた場合には、地権者に法的な景観利益が発生する」という概念である。これは、識者や国民の多くによって歴史的価値が認められる景観のみを対象とするものではなく、日常景観にもおよんでおり、さらには地方議会における議論の正当な手続きを経たものでなくとも適用される。一部の住民であれ、相互に結束して長い時間をかけ築いた景観が広く一般社会からも良好と認められるならば、景観利益を有することが法的に保障されるというのである。

ある経済活動から生じる利益が誰に帰属するのかについては、自由主義経済圏ではJ・ロック(Locke, John)以来、明白であるかにみなされてきたが、厳密に考えればそれはさほど自明ではない。対照的に景観の保全から得られる利益が誰に帰属するのかは、(日本では)不明であるかに考えられてきたが、それもまた断定できるものではない(注11)。私的所有権や交換の自由が保障される市場社会といえども、土地を自由に売買し気ままな外見の建築物を建ててよいとは言えないのだ。実際、ドイツでは「地区詳細計画」が建築に優先している。「地区詳細計画」に合致しない家は、建てることができないのだ。またアメリカでも、マスタープランが建築物に先行している。こうした国々では、地域の景観やまちづくりにかかわる計画が、個々の建築物よりも重視されているのである。わが国においても「景観利益」概念が現れたことで、あまりに素朴で幼い市場経済観から脱却する端緒が見出されたと言うべきだろう。

とはいえ、予断は許されない。「景観利益」がどれだけの広がりを持ち、どのような景観を守る概念であるのかは、明らかでない。この概念が確立されたところで、「成長と平等」という経済利益の追求の方を景観利益よりも優先するという戦後日本的価値観が刷新されない限り、現実の景観保全には役立たないだろう。

「広く一般社会からも良好な景観と認められ」るということが、歴史的価値の認められた建築物や街並みとどう異なるのかも、わからない。豊郷《とよさと》小学校校舎のように著名建築家の手になる名建築ならば保存運動も活発化しやすいが、名もない建築家が設計したものであっても地域住民にはかけがえのない校舎はありうるし、自然のままで美観となっている河川や海岸もある。そうした「日常景観」の保全にまで「景観利益」の概念を育むことが期待されている。

結局のところ、土地政策としては良好な景観を成熟させ、質の高いアメニティを実現することこそ必要なのに、規制緩和と再開発で一部地域に収益を上げさせようというのが都市再生論であった。都市の過密地帯には高層ビルを集めることが効率的であるとしても、良好な都市空間は都市計画と時間の経過を通じてしか得られない。そのうえ「都市再生」は、逆に不良債権を大量発生させかねない。方針の大幅転換が求められている。

4　雇用環境——変えるべきもの、変えてはいけないもの

日本型経営に対する批判——「非競争的環境」と「会社人間化」

生産要素の市場化について最後に、雇用の問題に移ろう。人材は企業の創造性の源であるから、

それをいかに確保するかが課題になる。

構造改革論の目的のひとつは、収益の上がらない産業の不振企業から人材をリストラし、高収益産業の好調企業に移動させることである。こうした考え方には、企業と労働についての、特殊な見方が潜んでいる。すなわち、創造的な人材が適所に集まるのが効率的な企業で、創造性に劣る労働者は公共・民間の教育機関で職業訓練を受けさせる、そのため能力給とリストラで労働者を速やかに移転させよう、という企業観・労働観である。こうした視点から言えば、廃棄されるべきなのは、職業訓練は社内研修で行い、人材は終身雇用し、所得は年功賃金かつ累進課税にもとづき、ピラミッド型組織を形成して、メインバンクに護送される日本型企業構造だということになる。

こうした日本型経営に対する批判は、もっぱらアメリカ型経営を理想的な模範であるかのように崇《あが》める視点から行われている。平均値として言われるアメリカ型の経営は、企業の競争力を労働者の能力の適切な配置と彼らの能力そのものの開発によるとみなす。そして労働者の企業間移動の激しさがそれを可能にする。企業間を移動することで労働者はみずからのキャリアの向上を図り、また専門家としての技術に磨きをかけるのである。

そうした観点から言えば、終身雇用制を柱とする日本の大企業の経営方針は、労働者を適正な企業に配置せず、その技能を発展させもしない非競争的・ぬるま湯的なものであることになる。同僚に気がねしてだらだらと長時間勤務し、ときには過労死さえするといった特有の現象も、日本企業の特色である集団主義に起因するとされてきた。また、中間管理職は上位下達の媒介役でしかなく、むしろ彼らのせいで情報が歪《ゆが》められるという主張まで存在する。終身雇用制に加えて、集団主義とピラミッド型の組織形態も、非効率性を助長するとされるのである。

たしかに山一証券の倒産劇では、金融取引についての専門技術を持つ若い世代から、順に再就職の口が開けていった。逆に、「山一という会社の専門家」でしかない者は、転職が困難だったと言われる。他社からの引きの多さが労働者の能力の大きさを客観的に示しているのだとすれば、高い専門性と個人主義を兼ね備えた社員こそが、能力を備えているかのように見える。そして若く専門技術を持つ者にそれに見合った所得が与えられず、その分が年功を踏んだ者や社内の一般的な業務についている者に回されているならば、所得分配に歪みがあるということにもなるだろう。

そうしてみると、日本型経営にかんし、とりわけ人材活用に対して起きている批判は、二つの方向を示しているように思われる。第一は、それが非競争的な労働環境を与えているために、人材の配置および能力の開発において非効率的になってしまっているという批判である。第二の批判は、従来の日本型経営が、企業に勤める会社員のライフスタイルを歪め、不自然なものにしているというものである。「会社人間」には「社畜」という蔑称まで与えられた。

両者併せて日本型経営は危機に瀕しているのだが、それが「社畜」などという忌まわしい存在を一掃《いっそう》するならば結構なことではある。しかし終身雇用制のなかには、いかにそれに批判されてしかるべき面があったにせよ、それなりの納得の仕方で受け入れられていた部分がある。たとえば、日本企業では一般に就職に際して厳密かつ詳細な契約書などは取り交わさないことが慣行となっているが、しかし年功に応じて管理職に昇進させ、終身雇用ののちに退職金を与えるということはいわば暗黙の契約であった。そう考えるからこそ、会社員は突然の転勤をも甘んじて受け入れてきたのである。ようするに、会社人間は現在、家畜扱いされるだけでなく、交換条件とされていたはずの餌＝地位や退職金さえも与えられなくなっているのである。

日本型経営が行き詰まりを見せているからといって、ビッグバン的に劇的な改革に処さねばならないということにはならない。現在好調だとされるアメリカの企業にしても、不調だった八〇年代には、当時逆に好調であった日本企業に経営上のノウハウを多く学んだ。ただし、日本型経営そのものを丸ごと取り入れたのではなく、自らの欠点を修正する一方、日本からは長所を学んだのであろう。今度は日本が同様の試みをなすべきなのである。一気にアメリカ化すべきだという主張には、根拠がない。

二つの企業家像

そこで、何が日本型経営にとっての長所であり、どこが欠点であるのかの識別が必要となる。まず、日本型経営の長所から見ておこう。

日本型経営は労働者をぬるま湯に入れるのみで競争的環境を提供しないという指摘があるが、それは明らかな誤解である。金融などの部門はともかく、自動車などは依然として高い競争力を誇っており、要は産業によって国際競争力に差が出ているにすぎない。そして日本型経営には、外国とくにアメリカのそれとは異なるやり方で人材育成を推し進める面がある。
ひとことで言えば、日本型経営とは「具体的な知識」を扱うことについて意識し、それを可能にするような人材育成を行うことで競争しようとする制度だということである。事業機会を見つけるという経営上の卓越性に、人材育成にもとづく組織の創造力を結びつける制度だとも言える。

リストラによってコストダウンを図るという主張は、企業組織が取引費用削減の観点から作られているという発想からきている。R・コース（Coase, Ronald Harry）からO・ウィリアムソン（Williamson, Oliver Eaton）に至る新制度学派（第二章注19参照）の企業組織論は、新古典派の市場観において取引費用が存在するとした場合に、企業が空間的・時間的広がりを持つ組織となるプロセスを明らかにした。だが、企業組織の形成を費用面からのみ分析できるとするのは、その収入にかんして不確実性が存在しないかのような仮定がなされているからである。しかし企業は生産の費用的条件だけでなく、消費者の動向にも関心を持たざるをえない。

企業論には、利潤（収入）面から考察する一連の議論がある。企業家（entreprenuer）という用語が始めて用いられたのは、R・カンティヨン（Cantillon, Richard）の『商業論』（一七五五年）においてだと言われる。カンティヨンは企業家を、先を読む独特な能力を持ち、危険を引き受けつつ事業活動を行う存在とみなした。企業家の獲得する利潤は、そうした能力と危険を引き受けたことに対する報酬だという。

カンティヨンのこうした見方は、二つの方向でひきつがれた。そのうちのひとつとして、経済学者のF・ナイト（Knight, Frank Hyneman）は危険を二つに分類し、なんらかの方法で測定でき保険などで保障しうるような危険を「リスク（risk）」と呼び、測定が不可能である「不確実性（uncertainty）」と区別して、革新的な企業の成功は後者の測定不可能な不確実性に立ち向かったことに対する報酬だとみなした。一方、同じく経済学者のI・カーズナー（Kirsner, Israel）は、知識の具体性という視点から新古典派の市場観そのものの改編を迫ったハイエクの市場論を受け、市場において新たな利潤機会を発見するのが商人の役割であるとし、企業家にも同様の役割を見て取った。いまだ供給されていないが潜在的には需要されている商品があるとして、それを生産し提供するのが企業家だととらえるのである。当然、企業家の得る利潤は、そうした役割に対する報酬ということになる。

けれどもこうした不確実性や利潤機会に対処する存在としての企業家という理解では、市場にすでに存在するがまだ誰も気づいていない利潤機会を発見するとか、そうした作業に資源を投入する危険を冒すとかいうように、企業家は所与の市場環境から利潤を得る存在というだけに留まってしまう。けれども企業家には、ときとして自力で市場に訴え、その流れを変えようとする面もある。消費者にとって未知の領域の商品を創造し、過去の商品のイメージを変更するような広告を打ち、価格引き下げを可能にするような技術革新を行う、シュムペーターが経済発展の原動力とみなした「創造的破壊」である。それは、新製品の創出や新生産方法の発見から、新しい販路、新しい原料供給源の開拓、独占の形成やその打破までを含んでいる。つまりそこで「破壊」されるのは、消費者の既存の欲望、費用の技術的条件、商品と原材料の流通経路、独占の状態など、市場環境の現状なのである。これは市場環境から受動的に利潤機会を見出すという理解を超えた企業家像であった。

市場や環境の現状からいち早く利潤を得るだけでなく、市場や環境そのものの創造的破壊を通して利潤を獲得しようとする存在として企業を規定すると、企業は市場や環境と相互に影響を及ぼし合う存在だということになる。けれどもそうした創造性は、個人として獲得しなければならないものではない。

日本型経営の長所――集団のコミュニケーション

小池和男がしばしば指摘するように(注12)、日本企業では人材育成の方法としてOJTが重視されるが、それは工場で働くブルーカラーについて言えば、現場で不意の事件が発生した際にも十分に対処できるような実践的ノウハウを習得するための方法である。日本の自動車工場においては、ラインに何種類もの自動車が流れてきても、熟練した労働者はよどみなく仕事を続けてゆける。それは、いついかなるときにも使える技術をマニュアルによって身につけただけではなしえない類いの熟練である。

さらに日本企業の商品開発における創造性は、野中郁次郎が主張するように、天才的な個性によるというよりも、むしろ集団のコミュニケーションのなかで発揮されるものである(注13)。たとえば自動パン焼き器の商品化は、パン屋に実際に研修を受けに行った電器メーカーの女性社員が、職人の手技のなかに名付けようのない重要な動作があるのを発見したことで、大きく実現に向かった。彼女の「発見」に、商品開発のタスクフォース（企画戦略会議）における対話のなかで「ひねり」という言葉が与えられ、職人の作るパンに近いものを機械で作ることにより、成功への道が開けたのである。ここでは、タスクフォースの主任であるような中間管理職は、自分では動作の発見などは行ってはいないものの、女性社員の発見を「ひねり」という言葉に昇華させ、それをキーワードに商品を作り上げる場の運営を行っているのである。彼（女）もまた、「ひねり」という具体的知識の重要性にかかわっている。

総じて言えば、日本企業はブルーカラーによる生産の現場と、ホワイトカラーによる知識創造の現場の双方において、ハイエクが注目した具体的知識を集団で扱うことに長所を持っている。それこそが日本企業の競争力の源泉なのである。「ひねり」といった言葉が重要であるのは、あるとき、ある時点での特定企業においてであろう。三種類の半製品について熟知することは、その三種の自動車を製造している企業において、しかもそれが商品価値を持つ時点でしか意義を持たない。つまり、そうした具体的知識を習得することは、それを重要とみなさない他社では意味をなさないのである。これは、いわゆる資格がどこでも通用する抽象的知識の習得によって得られるのとは対照的である。

それゆえに、具体的知識の習得に専念することは、すなわち「つぶし」がきかないということでもある。それは、「山一の専門家」の再就職がききにくいのと同様の危険を孕《はら》んでいる。終身雇用は、他社では使えない知識の習得に誰もが安心して向かえるための制度的保証となっていた。こうしてみると、日本企業の競争力は、むしろ終身雇用制が支えていたのだということになる。競争力が成り立つためには、制度的裏付けが必要なのである。したがってそれを放棄すれば、逆に競争力も手放してしまうことになる。

また、パソコン・ネットワークを活用し中間管理職を中抜きにしても、即座に効率化につながるとは言えない。たしかに電子メールなどは人を細かい雑務から解放してくれるが、リーダーシップをとるなど集団における中間管理職本来の仕事は果たしてくれない。いくつかのエレクトロニクスメーカーは中間管理職の撤廃には慎重だと言い、上からの指示に解釈や実践的判断を加え、下の意向は意訳して伝えるという役割を中間管理職に要求している。デルコンピュータのように、早々にフラット化を見直す向きも存在する。このような役割を十分にこなしている中間管理職は、むしろ不足気味だと言われるが(注14)、自動パン焼き器に「ひねり」の言葉を当てるような集団のコミュニケーションを作り出すのも、そうした中間管理職の役割のひとつである。

企業内人材育成は不可欠

構造改革論は、創造性が規制緩和を通じ、一部エリートの頭脳に芽生えるかに述べている。対照的に以上では、創造性が日本型企業内の組織慣行に育まれるかのように描いた。こうした主張には、実証的な裏付けがある。一九九九年に経済産業省が日本商工会議所に委託した「総合的人材ニーズ調査」では、全国三三万社という膨大なデータを元に、雇用問題専門家グループが実証分析を担当している。その成果である『成長と人材』によれば、調査対象企業のうち上位四パーセント足らずが新規雇用の四割以上を上げている（そうした生命力ある企業は野生動物にちなみ「ガゼル」と呼ばれる）。注目すべきは、そうした企業に顕著な共通点として、「企業成長を実現するためには『人材育成』が不可欠」という見方があるということだ（注15）。

以下、本書に従うと、「ガゼル」企業は雇用創出力が強いから、失業率を下げるにはそうした企業に期待しなければならない。「ガゼル」の特徴は、まずもってOJTの人材育成に積極的な点である。興味深いことにそれらの企業では、新製品の開発やマーケティングに注がれる意欲は平均と変わらない。ところがその四分の三の企業が、社長に代わって教育する「右腕」を必須と意識している。聞き取り調査によれば、教育役の「右腕」には、非親族で文系大卒、当初からそう見込まれた若手が適するという。日本企業の競争力の源泉は、社内での人材教育がポイントになるということだ。

構造改革論では所得による動機付けが強調されているが、むしろ伸びる社員は賃金より仕事上のやりがいや職場の魅力を求めている。企業の側はこの流動化した雇用環境の下で人材育成に投資するだけに、人材の定着には知恵を絞らねばならないが、そのためには仕事上の自由と責任を明確にし、経営者と社員が夢や将来性について共通の理解を持つようコミュニケーションを密にし、「経営状況の情報開示」や「個人評価の透明性」などを通してオープンで明るい職場の雰囲気を作り、処遇制度を魅力的にすることが求められるという。

　たとえば著名日本酒メーカーの一の蔵酒造では、女性向け低アルコール酒の開発に苦労し、ワイン風ボトルに入れた商品が売れずに困っていた。入社したばかりの二人の女性社員がそれを見て、「伝統的なお酒をなぜわざわざワインボトルに入れるのか」と社長に食い下がり、開発を任されて甘口でなく酸味の強いヒット商品を生み出したという。その結果、女性社員の活躍の場が広がった。入社年次や性別にとらわれない裁量が人材育成につながったケースである。

　転職は、自分に合った人材育成のノウハウや社風を持つ企業に出会えなかったときに必要となる。ハローワークなどで得られるような、待遇にかんする形式的な情報に頼るだけでは、転職後の満足度は高くない。社風やトップの人柄などの「集約的情報」が、働き甲斐につながるからだ。そうした情報は、先の勤務先や取引先経由で得ることができる。ということは、公的機関などよりも、企業グループを介して情報が伝わるネットワークづくりが必要になり、業界内の職業能力評価基準の確立も求められるはずだ。

日本企業の暗部

　こうした観点から日本的経営の長所を見るならば、そこには同時に短所も示唆されることになるだろう。ここでは二点を挙げておきたい。

　第一に、終身雇用制は企業労働者が本来の仕事に特化する方向で熟練することに保証を与えるが、しかし本来の仕事をしない人にまで安定した地位と所得を保証してしまう。

第二の短所としては、企業労働者の生活において企業の占める部分が重すぎる。コミュニティの活動に積極的に参加している企業労働者は、減少の一途をたどっている。それは住居周辺のコミュニティだけでなく、企業周辺のコミュニティについても同様である。企業人のコミュニケーションは、特定の所属企業に縛られている。

こうした点から派生した問題として、九七年に露呈した総会屋への利益供与事件が重要だ。それは野村証券と第一勧銀（現、みずほ銀行）の摘発から幕を開け、野村に続く山一・大和・日興という四大証券にもおよぶことが判明して「金融不祥事」と一括されるかに見えたが、一転して松坂屋・三菱自動車工業をも巻き込んでいたことがわかり、あげくには三菱グループ・日立グループ、大日本印刷からあさひ銀行にまで飛び火して、総会屋との癒着《ゆちゃく》は日本企業全体の暗部として理解せざるをえなくなった。

こうした事態を受け、日本経済は規制や取引慣行など市場制度だけでなく、コーポレート・ガバナンス（企業統治）においても世界標準から遅れているという批判がなされた。しかしより正確には、この事件は、日本経済のそうした後進性を暴露したせいで衝撃を与えたのではない。むしろ世界標準にのっとったとしても総会屋との癒着は一掃されないことを示唆するからこそ、衝撃的であったのだ。

人的な監督制度としての監査役が弱すぎる、という指摘がある。内部昇格の監査役では、取締役会を監督できそうにないからだ。そこで、九一年に露呈した損失補塡《ほてん》などの証券不祥事への反省から、九三年の商法改正では監査役強化の切り札として、社外監査役制度が設けられた。ところがそれにもかかわらず、四大証券どころか準大手から中堅までの証券会社が総会屋との関係を続けていた。系列会社から人材が登用されたりすると、社外監査役といえども有効には機能しない。

競争が活発化すれば、市場によって規律付けがなされるという主張がある。たしかに、証券市場は政府が多方面にわたって規制し、しかも大手四社の支配力が強すぎたから、競争が活発だったとは言えない。証券業界では利益の付け替えなど特定の人間への便宜を図る機会が多いうえに、行政からも場当たり的にさじ加減で指導がなされてきた。それゆえ世界市場で競争する他業界に比し、ルール意識が希薄だったというのである。金融ビッグバン待望論は、こういった視点から唱えられた。だがこの説も、三菱自工や日立グループ以下の摘発であっさりと否定されてしまう。総会屋は証券だけではなく、競争の激しいメーカーにもがっちりと食い込んでいたからだ。

ならば、情報公開の遅れが問題だと言えるか。三菱自工は、日頃から経営のクリーン度で一目置かれていた企業であった。しかし同社は透明性の確保に先進的な試みを行う一方で、依然として総会屋への利益供与を続けていたのである。

企業統治にかんする世界標準は、タテマエとして掲げられたにすぎない。ホンネでは、日本企業は総会屋とのつきあいには格別の経済合理性があるとみなしているに違いない。債権の取り立てや株主総会の着実な進行、暴力団の脅しをなだめるなど、総会屋は企業の抱えるトラブルを安上がりに解決してきた。警察が民事不介入を原則とし、司法が機敏には働かないからには、企業が自力でトラブルに対処するのには巨額のコストがかかる。弱みを握られただけで企業が総会屋に利益供与し続けたとは考えにくい。

ほとんどすべての業態が摘発されているのだから、日本人にとって総会屋との癒着は、暗黙の常識だったはずである。「摘発された」こと以外で衝撃を受けたというならカマトトだ。とすれば、監督諸制度が世界標準に達したとしても、総会屋との癒着は解消されないのではないかと危惧される。タテマエではホンネを縛れないということだ。そもそも一連の摘発は、社内における派閥間の抗争に由来する内部告発が端緒を開いたと言われる。ホンネを縛れたのは、ホンネであった。

だが、世界に向けて申し開きできないようなホンネを抱えているのは、先進国としての義務の放棄である。第一勧銀の元幹部の自殺は、事件そのものよりもスキャンダラスであった。総会屋とのつきあいに経済合理性が見込めなくなるような制度をつくる努力こそが求められるだろう。それは、企業が社会やコミュニティにより関心を振り向けねばならないということでもある。だが収益にのみ関心を向け社会問題に敏感な社員をリストラしかねない規律付けを行う日本企業の組織体質は、二〇〇二年に起きた外国産牛肉の偽装事件まで継続されている。

以上の長所と短所をふまえれば、日本企業は、集団で具体的知識を扱うための人材育成を行ってきたが、それによって競争力を得るという面については今後も欠かすことはできない。けれども企業人が特殊社内的コミュニケーションを行っているせいで家庭や社会から孤立しているということは、直接にはその企業の生産性を落とすものではないかもしれないが、長期的に「持続可能」なことではないだろう。したがって企業組織が自閉せず、他企業のみならず社会にも開かれることは不可避であり、それは社内に望ましい居場所を見つけることができなかった社員が転職する際に有益な情報を得ることにもつながる。構造改革論のように産学連携で技術開発を行うというのは、画期的発明についてはは有効だろうが、一般的な商品開発には向いていない。また転職の手助けを公的機関で行うのも、新たな勤務先についての必要な情報を得るにはさほど有効ではないと思われる。

5　変貌する消費者

ダイエー的発想の終焉

構造改革論は、資本・土地・労働という生産要素が不振産業に塩漬けされていることに不況と低成長の主要因を求め、それらを流動化させればよいとしている。また、マクロの景気対策としては、民間投資の回復↓総需要の増加↓所得回復↓個人消費増加↓総需要のさらなる増加……というルートが想定されてきた。

それに対して本書では、土地神話の崩壊に始まり護送船団方式や日本的経営の解消まで、生産要素を固定する制度を急激に解体するならば、長期不況を引き起こすだろうという推論を示した。そしてそのうえで、資本についてはグローバル資本主義、土地にかんしては美観の喪失、雇用にかんしては閉ざされた企業組織という、別次元において直面する課題があることを論じた。ポランニーに倣い、生産要素はそれ以外の一般的な商品とは異なって、商品化が困難だという立場をとったのである。

ただしそれでは一般的な商品はというと、十年一日のごとく同じように生産され消費されていったわけではない。消費者もまた、戦後半世紀以上を経過した日本において、幾度かの大きな転機を迎えている。最近では、雇用環境や所得・資産についての将来不安から、消費を差し控え貯蓄に回すという消費不況が定着してしまったということも指摘した。けれども消費者にとっては、予算意識は消費の半面にすぎない。彼のもう一方の視線は、商品に注がれている。そして後者の商品の消費そのものにかんする態度が、戦後日本では何回かの変転を迎えたのである。消費活動はルールの下での一種の文化的ゲームだから、企業の市場競争は、あらかじめ設定されたルールの下で行われるのではなく、何がルールであるのかを理解するところから始まる。ではそのルールとは、どのようなものだったか。

流通・サービス業、なかでも流通といえば、現在は低生産性ゆえに構造改革の対象とされるような業種である。流通業は生産性が低いから抜本的な改革にさらされる必要があるという批判は、すでに一九六〇年代の「流通革命論」で展開されていた。この議論は、もともとは林周二の同名著書で展開されたものだが、のちにダイエーの中内㓛の代名詞のように言われた。たとえばそれは、次のような議論である。

・日本の流通は遅れており、生産性が低い。
・日本の流通には、中小の零細小売店が多く存在している。
・物流も遅れているが、それは衣食住それぞれで商品の仕入れに問屋を使っていることに表れている。
・物流が多段階になっており、その結果として高コスト構造が定着し、小売り価格に転嫁されることで物価高を帰結している。
・そこで問屋や商社を経ずに仕入れることが重要である。

こうした主張は現在に至るまで連綿と受け継がれ、構造改革論でも唱えられている。だがこのような立場を体現しているはずのダイエーが、逆に巨額の負債を抱えて経営危機に瀕している。抜本的な見直しが必要なのは、スーパーに代表されるような流通組織の側であろう。こうした皮肉な事態を招いたのは、それが想定する消費者像が、せいぜい流通革命論が唱えられた六〇年代のものだったからだ。構造改革論は、おそらくは無意識のうちに、特定の消費者像を仮定しているのである。それをダイエーのかつてのモットーで言えば、「より良い品をより安く」すれば必ず飛びつく消費者、というものである。それゆえ流通業は、企業から価格支配力を奪い消費者に訴えかけるために、ガルブレイスの言う「対抗力」(counter veiling power) を持たねばならないとされる。そこから、中小の小売店は数が多すぎ、独占的な支配力を持つ巨大流通企業が登場すべきだという見方が出てくる。問屋を中抜きし、「より良い品をより安く」すれば、それで消費者が飛びつくというのである。だがこれはあまりに時代錯誤だ。

たとえばここでは、売り場面積が狭いこと、価格が高いこと、問屋や商社がコストを引き上げるだけで大した機能を果たしていないことをもって、低生産性の原因だとみなしている。逆に言えば、売り場面積を広げ、価格破壊を実行し、卸は中抜きで販売すれば消費者は群がり、必ず売り上げが上がると想定している。そこでは、消費者は一円でも安い商品を求めて広い売り場を歩き回るものとされている。実際、スーパーでは、わざとレジを一ヵ所に集めず、客を「回遊」させて衝動買いを目論むといったやり方がとられてきた。けれどもそうした商法は、今や消費者からは過去のものという烙印を押されている。

『売れない時代に売る』(注16)で取材されたある男性は、神奈川にあるダイエーの店舗について、「なぜこんなに客の時間と労力を浪費させて平気でいられるのか」と不満を述べている。消費者は、「タイム・コンシャス」になっているのだ(注17)。

第一の変貌――売り手市場から買い手市場へ

こういった現象から見て取れる消費者行動の変質について、セブン・イレブン・ジャパンの鈴木敏文社長は、流通革命論が前提する市場を「売り手市場」と呼び、それが「買い手市場」に転換したのだという解釈を提示している。これを消費者の第一の変貌と呼ぼう。

その転換点は、売り場面積が広くもなく、値引きもしていない商品が並べられるコンビニエンス・ストアの興隆によって画されたのだと言えよう。それは早ければ六〇年代末、そしてすべての世代に受容されるようになる時点で言えば、八〇年代初頭頃に定着したと見るべきかもしれない。

そして八〇年代以降は、何が「良い」商品であるのかはあくまで消費者が決め、「良くない」商品であればいくら安くても売れないという現象が、スーパーなどで見られるようになる。ここで、適価であればどの商品も同じように売れるということはなくなり、商品にかんして「売れ筋」という概念が生じることになる。しかも、新商品であれば必ず売れるというのでもない。それを消費者が「良い」と判断しなければならないのである。また、ここで言う「良さ」とは、商品の物理的な性格にかんするものでもない。消費者は、「好きな時、好きな所で」買いたいのである。同じ傘でも、雨が降ってきたときに欲しいのである。消費者がこのような態度をとるようになった市場が、「買い手市場」である。

買い手市場においては、いくら価格を下げても売れないものは売れない。ただし、それは消費者にとって、価格は無視すべきものだということではない。価格は重要だが、商品の価値を形づくる一要素にすぎなくなったのである。したがって、「価格破壊」が九〇年代において一時的にしか支持されなかったのは当然だということになる。けれどもユニクロの製品のように、たんに安いだけではなく高級感や素材としての組み合わせの楽しみなど、付加価値がつけば安いことは評価の大きなポイントとなる。つまり、安さが決定的に評価されたのではなく、消費者が時々に欲しいと思う型の製品を、その欲求が消えないうちに作り上げ取り寄せる制作・流通力が伴っていたからこそ安さが評価されたのである。

さて、「雨が降れば傘を店頭に置く」ような便利さを実現し、日本で独自の発達を遂げたコンビニエンス・ストアは、こうした買い手市場における消費者像に適応した流通形態であった。コンビニエンス・ストアでは、購入者の属性や天候、時刻などが店員によって入力され、ＰＯＳシステムによって送信されて集計・分析される。その結果にもとづいて棚の品揃えが時々刻々変更されてゆく。ようするにこれは個々の消費者が欲しいものを入力し供給側に需要として認識されるという、今でいうＢｔｏＣのＩＴ革命を、最も原初的な形態ではあるが二〇年以上先駆けて実行した業態であった。

消費財市場の主要なルールはこの時期から、消費者が欲しいと認めた商品を、よりよく品揃えした者が売り上げを勝ち取るというものに変わったのである。ちなみに問屋や商社は、返品という制度によって、大手コンビニエンス・ストアほどの情報分析力を持たない小売店が品揃えするリスクを分担していたのだと言えよう（注18）。

買い手と市場の相互作用

「買い手市場」では、専門的な商品、たとえばプロ仕様で使い方の難しいカメラを消費者の使い勝手に沿って作り替える作業が重視される。こうして生まれたのがミノルタの「α―7000」であった。一眼レフでありながら、シャッターを切れば自動的に焦点が合う「オートフォーカス」機能が搭載されたカメラは一時代を築いたが、α―7000は専門的な（売り手にとって価値のある）商品を、素人にとっても楽しめるよう作り替えたものであり、買い手市場を象徴する商品だと言える。

けれどもそれは、売り手にとっては、何が「良い商品」であるかについての判断をみずから下すことができなくなったということでもあった。消費者もまた市場に対して要望を通すだけの力を持つようになったのである。ここで、お客様が求める商品こそがよく売れるものであり、良い商品だということになる。「買い手市場」では、流通の現場において売り手は、ひたすらに顧客が何を欲しているのかを分析し、いち早く品揃えしなければならないのだ。同様のことは、メーカーにも言えた。消費者の欲する商品こそが売れるのであり、メーカーが価値ある商品とみなしても、売れないものは売れなくなったのだ。そこで多大の費用をかけ、消費者心理の調査がマーケティングの名目で行われるようになった。

「売り手市場」においては、それを前提した売り手像が、常識的な職業観を形成してきた。そこでは、大量生産・大量消費がめざされた。それを実現するよう、より大きな売り場で、販売員などにも人手をかけずに客が自分で商品を探し回るような売り場がつくられた。小売りをサービス業と呼ぶとしても、マスとしての消費者により安い価格によって働きかけるのが、「サービス」の内容であった。これでは個としての売り手が個としての買い手と出会い、関係をつくり出すことなどはありえない。個々の働き手に対する評価は、売り手企業のなかでのみ行われていた。

一方、「買い手市場」においては、売り手は消費者を考慮に入れざるをえなくなる。商品の作り手・売り手は、極端に言えば自分が良いと思う商品を作るのではなく、あくまで消費者の欲求に寄り添って商品開発や品揃えを行うのである。独創性をもって見出した価値を買い手に認めてもらいたいという願望が作り手・売り手の側にあったとしても、それは満たされない。この時代に独創的とみなされるのは、消費欲求の動向を読み解いて、「半歩先」を行くマーケッターでしかない。

第二の変貌――マスメディアから個別性メディアへ

「買い手市場」においては消費者が自主的に商品の良さを決めるという側面があるが、それは一般消費者が情報の受け手でしかないマスメディアよりも、インターネットのような個別性の強い情報発信ツールのほうが、メディアとして適しているということでもある。それゆえ、インターネットの普及とともに九〇年代以降の消費者の価値観は、さらに個々の消費者が分断された別個の市場において自発的に商品の価値を判断し購買するように変化していった。

消費はメディアにより媒介されているが、六〇年代に地上波テレビを中心とするマスメディアが普及して以来の最大の転機が、九〇年代以降のインターネットや携帯電話に代表されるような個別化・多チャンネル化によってもたらされた。テレビは異質な関心を持つ人々に共通の画像を提供するため「公開的」であるが、インターネットや携帯電話などは関心を共有する人だけが情報のやりとりを行うという意味では、実質的に「閉鎖的」かつ「専門的」である。今後はこの方向でさらに消費行動が変化してゆくのは間違いない。そこでマスメディアから個別性メディアへの転換に即した消費行動の転換を、消費者の第二の変貌と呼んでおこう。「売り手市場」から「買い手市場」へ、マスメディアから個別性メディアへ、という二つの軸に沿った消費者の変貌によって、消費財市場は大きな変化を遂げたのである。

第一は、「売り手市場」かつ「マスメディア」の時代である。マスコミで宣伝される「良い品」を大手企業が安く売れば、消費者は飛びついた。それは敗戦後から七〇年代いっぱいくらいまでに当たり、大量生産・大量販売の時代とも言える。

第二は、「買い手市場」かつ「マスメディア」の時代である。七〇年代半ば頃からはマスコミで宣伝される商品とはいえ広告や安値だけでは消費者は踊らなくなり、多品種少量生産が注目されるようになる。企業がマーケティング部門を持ち、消費者の欲求の動向を探ろうとしたのもこの頃であった。そしてマスコミの最先端で情報を発信し消費者に認められるような企業が、「差異性」をテコにして利潤を勝ち取ってゆくのである。差異性が支配する「ポストモダン」の消費社会化が喧《けん》伝《でん》されたのも、この時期であった。

そして現在、戦後日本における消費のゲームは、第三期に移ったのだと言えよう。「買い手市場」かつ「個別性メディア」の時代である。そう考えれば、このところ顕在化するようになったいくつかの現象を整合的に理解できるように思われる。それは一般に、消費の「二極分化」と呼ばれる現象である。これはインターネットを中心とする情報環境において開かれた消費形態だ。

三種の二極化現象

典型的なのは、ブランド品を格安で買い、その費用を捻出《ねんしゅつ》するために、食費はマクドナルドで切りつめるといった現象である。高級品と格安品の二極で消費財が売れているが、その両者を同一人物が購入するという現象である。これには高級品が売れるという性質がともなうために、「奇妙な不況」と紹介されたりしている。だがこうした消費の「二極化」については、厳密に言えばさらに三つの区別が可能と思われる。

①ひとりの人が、高級（ブランド）品と格安品の双方を選択的に消費するという現象。ユニクロとブランドものを同時に着こなすとか、食費を削ってブランド品を購入するという先の例は、これに相当する。

②所得格差の拡張によって社会階層の分化が顕著となり、高所得者が高級品の購買層、低所得者が格安品の購買層を形成する。ただしこれは所得そのものの差が引き起こしたことというより

も、自分が「勝ち組」／「負け組」のいずれに属しているのかという意識が明確になってきたことによると思われる。これは、不平等化の浸透というよりも、雇用不安を意識する者が「負け組」に組み込まれたということだろう。二つの階層には共通点がある。コストパフォーマンスが高いものしか買わないという点だ。これを条件に、絶対額として高いものも安いものも売れている。

③「売れるもの」と「売れないもの」の分化が明瞭化している。逆に言うと、中間項をなす「そこそこに売れるもの」が激減した。高級ブランドや高級車、そしてユニクロや吉野家の牛丼などは、いずれもが「売れるもの」であった。ところがそれらのメガヒットの陰にあって、従来は厚い層をなしていたはずのそこそこの売れ行きの商品が減ってしまった。書籍で言えば少部数で版を重ねるような優良書、音楽のＣＤで言えば五〇万から一〇〇万以内のセールスを記録する商品が減ってしまったのである。対照的に、ＣＤアルバムや書籍で数百万のメガヒットとなる商品が出るという「ひとり勝ち」現象が目立っている。

日本における現在の消費活動は、こうした三つの「二極化」を特徴としている。順に、詳細に見ていこう。

ストック消費時代の到来

①について。互いに矛盾するはずのアイテムを組み合わせて消費するという意味での二極化現象である。高校生がエルメスとユニクロを合わせて着こなそうとしたり、成人サラリーマンでも昼休みに一〇分のクイック散髪と足裏マッサージを行うというように、時間を短縮しようとするのか無駄使いするのか不明の行動をとる人がいる。渋谷区神南あたりのセレクト・ショップでは、古着と新品がたいした断りもなく同じ棚で売られている。これらの現象は、いわば「パッチワーク的消費」である。こうした消費活動では、過去に蓄積された異なるジャンルの商品アイテムから、消費者個人の価値基準で選択し、組み合わせる（編集する）という作業が行われていることを示唆している。

音楽CDを例にとろう。近年、CDの売り上げは、全体としては顕著に減退している。二〇〇二年のデータだと、生産実績は前年比で約八〇％にまで落ち込んでいるという。そんななかで健闘しているのが、過去に発表された曲を組み合わせ再編する「コンピレーション盤」（コンピ盤）である。ベスト盤やオムニバス、オールデイズなどを合わせると、現在の売れ行きトップ五〇の半分弱を占める勢いだという。

コンピ盤は、かつては音楽関係者から、「売れないジャンル」の最たるものとみなされていた。以前は基本的に同じレコード会社の既発盤から選曲していたから、たとえば「癒《いや》し」をテーマにしても、収録したい曲が他社のものだと使えない。その結果、玉石混淆《ぎよくせきこんこう》の半端《はんぱ》な作品になっていた。

ところが不況のせいで、多くのメーカーが考えを変えた。もちつもたれつで曲を交換し、編集するようになったのである。これだと三〇〇〇円で名曲だけが聴ける。

とはいえ既発表の曲が、組み合わせを変えただけでもう一度売れるというのは、レコード会社の努力だけで生じた現象とは思われない。一九九〇年代以降、消費をフローではなくストックで行うという現象が現れた。コンピ盤の流行も、この「ストック消費」の一環だろう。

フロー消費というのは、時代の流れのなか、現時点において行う消費のことだ。典型的なのがかつてのロードショーの映画やテレビ番組で、再放送・再上映されなければ二度と見ることができなかった。筆者はかつて『真夏の夜のジャズ』という映画を「二〇世紀最後の上映」という宣伝につられて見たことがある。マスメディアは、基本的にフローで消費される情報媒体だったのだ。

ところがビデオ録画が可能になりレンタルビデオ店が定着すると、過去の映画のストックのなかから選んで見ることが可能になる。『真夏の……』は今ではいつでもレンタルできる。ゆくゆくは過去のすべてのテレビ番組が、インターネット上で検索して見られるというサービスも登場するだろう。

ストック消費の醍醐味は、既成の作品群から編集して、商品者みずからが全体の流れを生み出せることにある。音楽だけでなく椅子や空間、食事や酒にも選択対象を広げるなら、個性的な空間を有する独立系カフェになる。コンピ盤の隆盛は、ストック消費時代が本格化したことを告げている。ユニクロとブランドを合わせて着るのも、同列の消費形態だろう。過去の商品ストックから自由に編集するというのは、個別性メディアの時代に則した消費行動である。

ユニクロの隆盛と失速

②について。消費不況が所得にかんし階層化を促進したことから起きている、消費の二極化である。これには七〇〜八〇年代に、日本人の消費体験において深部に触れるものとなった、「コンビニエンス・ストア体験」と関係があるように思われる。高度成長期いっぱいまでの日本人が消費に向けた価値観は、「より多く、より安く」であったが、七〇〜八〇年代に定着したコンビニエンス・ストアはこうした価値観と絶縁し、「欲しいものを欲しい時、欲しい所で」という「品揃え」を追求した。それが値引きよりも受け入れられたのである。

だが九〇年代に入ると、階層化のせいもあり、ふたたび安価な商品に関心が向けられた。ただし、たんに絶対額が安価なだけでは認められない。品揃えといった付加価値は手放せないため、コストパフォーマンスという価値観が定着したのである。したがって、価格としては安価であっても、「一〇〇円ショップ」のように品揃えがコンビニエンス・ストアなみに良くなければ、消費者は受け入れない。逆に言えば、「一〇〇円ショップ」はコンビニ的な品揃えをクリアしつつ値下げにも成功した例、と言えるのかもしれない。そこで日本の消費者は、たとえ安くとも品揃えの悪い小売店には目を向けなくなる。安価といってもなんでも値下げすれば売れるというのではない。品揃えや高級感を経験した消費者は、それを残しつつ安値が実現されることを支持しているのだ。それはユニクロや一〇〇円ショップ、レストランの三八〇〇円のプリフィクス・コースの流行に現れてきた。

ここで興味深いのは、ユニクロの失速だ。売上高総額の前年比割れは二〇〇一年秋から目立っていたが、二〇〇二年二月決算で初の減収減益となり、それ以降は悪化を止めることができないでいる。少々古い数字だが、二〇〇一年九月の既存店の増収率でも、ユニクロが五・七%であるのに対し、ユナイテッド・アローズが四六・七%、マックハウスが三一・三%、ジーンズメイトが七・二%となっていて、衣料業界全体は伸びているのに、ユニクロのみが伸び悩んだ。実際に店舗を覗いてみても、公園通り近くの渋谷店など、周辺にユナイテッド・アローズやビームスをはじめとして若者に人気の衣料専門店が軒を並べるだけに、店舗内は閑散とした印象がある。首都圏では郊外にも店舗が進出しているだけに、わざわざ渋谷の専門店街でまでユニクロを買う必要はないということなのだろう。最近のユニクロの位置を象徴する光景に思える。

けれどもユニクロが二〇〇〇年秋口から二〇〇一年の年初にかけて一世を風靡《ふうび》したことは、記憶しておいて良いだろう。ユニクロは、日本の経済・社会に何を記したのだろうか。

ユニクロの二つの戦略

ごく表面的に言えば、ユニクロは大量・安価な販売を行い、その結果、同社の衣服で市場が飽和したということになる。ユニクロも九〇年代前半に起きた紳士服や東欧家具などの値下げ販売と同様、「価格破壊」現象の一環をなしたにすぎず、それらと同様に飽きられた、という解釈である。ポリエステル製の軽くて温かい防寒着・フリースは、三年間で三六五〇万着を売り切ったという。もともと外国製で一万円していたものを一九〇〇円で売ったのだから、衝撃的な安さではあった。その結果ユニクロはほとんど国民服となったわけで、ブランドの持つイメージも他人との差異性よりも同質性が気になるほどであった。「日曜のお父さんはみんなユニクロ」というイメージである。

けれどもユニクロの影響で、一万円の衣料品が二〇〇〇円以下になったということ、そのため中国に工場を移すなど抜本的な製造過程の改革が広範に生じたこと、価格破壊がスーパーなどの流通革命論がめざしていたような流通によってではなくメーカー主導で行われたことなどを考慮すれば、ユニクロの登場は、紳士服などの安売りとは一線を画すものがあったと言える。それは日本の消費者の価値観を巧みに取り入れるものであった。そこには二つの特徴がある。

第一に、従来の安売り小売りでは果たせなかったような、品揃えへの配慮がある。ユニクロは、メーカーの直営でありながら、欠品が出ないような品揃えを実現しようとした。これは、品揃えに対する日本の消費者の強い欲求を反映するものである。ユニクロは消費者のコンビニエンス・ストア体験を前提したうえで、同時に価格破壊的に安価な商品の開発を実現した。

ただしユニクロでは、それをコンビニのようにレジのＰＯＳシステムによってではなく、店長の裁量によって実現しようとした。店長は直接に消費者と接し、ニーズをかぎ分け、需要予測を立てて本部に連絡し、在庫管理をして顧客の欲する商品を適切に品揃えする。有能な店長は、トップクラスになると年収が二〇〇〇万円を超えると言われ、そうした「スーパースター店長制度」によって価格破壊と品揃えという相反する目標を叶《かな》えようとしたのである。

第二には、中国への技術移転を可能にしたことがある。九〇年代の初め、衣料メーカー各社は中国での生産を計画したが、社会主義経済に慣れた労働者相手では、ボタンひとつつける指示も困難を極めた。その中国でたった一〇年で売れ筋に欠品が出れば即座に生産するような柔軟な供給システムが確立されるとは、思いもよらぬことであった。技術移転は困難であるだけに、他社との間でもコストにおいて障壁を築いたかに見えていた。

だが、これらはいずれも現在、障害に直面しているようだ。多様で適切な品揃えが店長によってなされるのだとすれば、出店ラッシュは店長の育成とともに可能になるはずである。果たしてそれだけの人材が短期間に育っていたかどうか。大手コンビニエンス・ストアでは、基本的には各店舗ではPOSに情報を打ち込むだけで、在庫管理の分析や判断は中央で行っているから、そうした問題は生じない。また一般の小売店では、品揃えのリスクを負いきれないために、問屋がそれを肩代わりしている。書店でも、返品制があってこそ多様な品揃えが可能になっている。ところがユニクロは工場から店舗まで一貫して揃えており、一〇〇%のリスクをとることで低価格・高品質を実現してきた。メーカーがリスク負担することにはそれだけの危険があり、裏目に出ることもある。

中国への技術移転については、他社が工場を中国に移転したとしても、技術が模倣されなければそれだけの期間は生産コストで優位を保てる。しかしフリースについては、ジャスコ（現在のイオン）などはじきに紳士物・婦人物を一〇〇〇円で販売していった。技術の模倣は、それだけ急激であった。

けれども、ユニクロが実現しようとした品揃えと安値という組み合わせは、コンビニ体験を共有する日本人にとっては新たな消費行動のフロンティアを拓《ひら》いた。ユニクロが失速したとしても、この課題はなお挑戦し続けられるものであろう。いずれにせよ、ユニクロは売れた。これは歴然とした事実である。一方で、絶対価格が高額でも、質が高いと認められる商品は、億ションやエルメスに限らず売れている。これらは等しくコストパフォーマンスが高いとみなされる商品なのである。

「ひとり勝ち」はなぜ起きるのか

そして③である。これは近年メガヒットが目立ち、中間のヒットがめっきり減ったということでもある。つまり消費財において、「ひとり勝ち」傾向が強まっているのである。個人消費が減退したと言われながらもその実感がないのは、都心の高級マンションが好調に売れたりイタリアン・レストランに客が列をなしているからだ。銀座にエルメスの路面店が登場し、これも長蛇の列を呼んだのは記憶に新しい。

音楽の世界でも、数年前から「メガヒット」と呼ばれるように、ＣＤアルバムが七〇〇万枚（宇多田ヒカル）とか五〇〇万枚（B'z）といった桁違いの数字で売れるようになった。けれどもその陰では、数十万枚といった中規模のヒット作が見あたらなくなってしまった。かつて紅白歌合戦は、中規模以上のヒット曲を持つ歌手たちの年に一度の晴れ舞台だったが、現在ではメガヒット曲を有する歌手は出演を拒否し、中規模のヒットはなくなってしまった。それゆえ筆者のような平均的視聴者からすれば、知らない歌手たちが多く並ぶ舞台になってしまっている。

書籍についても同様の傾向は顕著である。数百万冊を売るベストセラーが続出するとともに、ほとんどの本が増刷をかけることすら困難になっている。要は、一部のスターによる「ひとり勝ち」が、ここでも定着したということなのであろう。

ただしこれは、日本に特有の現象とは言えない。マイクロソフトを挙げれば十分であろう。R・H・フランク（Frank, Robert H.）とP・J・クック（Cook, Philip J.）が分析するように（注19）、「ひとり勝ち」現象はアメリカにも定着し、（彼らによれば）社会を蝕《むしば》みつつある。ただし九〇年代において日米で景気は逆方向を向いていたから、これは景気の引き起こした問題ではない。

フランクとクックは「ひとり勝ち」現象について詳細に検討している。彼らが最終的な目的とするのは、（とりわけアメリカにおける）所得分配の急激な拡大と二番手に与えられる不当に低い評価についての分析である。所得分配の格差は、たとえばキャサリン・バトルやJ・ソロス、マイケル・ジョーダンらのスーパースターたちが他を圧して「ひとり勝ち」することによって生じている。つまり彼らの所得は、図抜けた水準にある。けれども彼らの能力の絶対値は、所得が二番手のそれを圧するほどの倍率で、他を上回っているわけではない。「トップに近いものが不釣り合いに大きな分け前を得る」ことが、「ひとり勝ち」なのである。

たとえば、一〇〇メートル走の金メダリストと銀メダリストが僅差《きんさ》の接戦を演じたとしても、我々は銀メダリストの名をすぐに忘れてしまう。それゆえに金メダリストは様々なマスコミに重宝され企業広告に使われて、巨万の富を得ることになる。絶対的な速さとしてはどんなに僅差だったとしても、両者の所得格差は甚大《じんだい》なものになってしまう。相対的な差だけが所得格差を生んでいるのである。

それだけではない。ビデオの規格としてのベータとVHSの競争では、専門技術者の評価はベータの方がはるかに高かった。すなわち絶対的にも相対的にもベータが優れていた。ところがどんな商品であれ、すでに愛用している人が多ければ多いほど、レンタル店ではより多く置かれることとなり、最終的には技術的価値で劣っていたVHSが勝利してしまう。これは、能力といっても技術だけでなく、需要する人の数という別次元のものも加味して評価せねばならない場があることを示している（これを「ネットワーク効果」と呼ぶ）。

しかもこうした総合的・相対的な評価は、なんらかの理由から、ときに固定されてしまう。レコードやCDといった複製技術が登場すると、キャサリン・バトルの歌の原盤を複製する費用と、二番手歌手の歌の原盤から複製する費用とは大差ないものとなるから、消費者はどうせ同じ価格なら皆バトルの歌だけを聞こうとするだろう。こうして相対的な格差が絶対的で巨大な所得格差を生んでしまうのである。歌唱に複製がきかないなら、バトルの歌を聴ける人は限られ、したがって視聴料は高騰するから、二番手の歌手にも視聴者はもっと多くつくだろう。

こうしてフランクとクックは「ひとり勝ち」の論拠を指折るように挙げてゆき、さらにはそれが時代を経て加速してきた理由を、主に商品の輸送・関税の費用の急速な低減、そしてコンピュータによる計算と電気通信の能力の向上に見出している。これらは物理的な移動と、電子的な計算・通信とを指している。それはそうなのだが、彼らはそれらがどのような現象を実際に引き起こすのかについては、所得格差について触れるだけでさほど詳細・具体的には述べていない。だが近年のこうした経済的・技術的環境においては、「ひとり勝ち」現象が引き起こす変化は、とくに日本ではきわめて具体的なものとして現れている。日本で「ひとり勝ち」を可能にする要因を、三つ見てみよう。

模倣と計算の速度がものを言う

第一は、フランクらの言う「クローン」の問題である。技術が簡単には移転しないとき、労働者が高い技能を有するような国では、高い賃金が成り立ち、そうでない国では賃金は安い。ところが技術が容易に移転しうるとき（技術にかんする「クローン」）、国別で賃金に格差があるならば、いちはやく技術を移転した企業は安い賃金で製造できるから、その分だけ価格競争で勝利し「ひとり勝ち」になりうる。この場合、いかに速く技術を模倣するかが競争の内実となる。

ちなみに中国は日本との比較では賃金が二五分の一という過剰に安い水準にあるため、一九九〇年代に入るとじきに技術移転が始まった。ところが当初は服飾関係にかんしても、中国での生産は思い通りにいかず大変だったという体験談は、枚挙にいとまがない（注20）。前述のように、ボタンを一列に縫いつけることを指示するだけでも、想像もつかぬほどの努力が必要だったのだ。

筆者は九四年にマレーシア、インドネシア、タイで技術移転にかんする調査を行ったが、そのとき現地で聞いたのは、タイにようやくレンズの研磨技術が完璧に移転されたので、次に移転するのは手先の器用なベトナムであろう、しかし港湾などの輸送資本が完備していないのでそれには一〇年以上はかかることだろう、といった話だった。同じアジアでも中国に精密な技術の移転が行われるなど、誰も信じていなかったのである。それが一〇年もたたぬ間に、繊維はもとより、IT関係の工場も続々中国へと移動していった。これは、技術移転が「ひとり勝ち」を生むという結果ゆえにそれを競い、しかもそれが可能だったということなのだろう。

第二は、計算速度の急激な加速である。これは意外でしかも激烈な反応を引き起こした。いささか卑近な例を挙げてみる。近年、有名アーティストのコンサートのチケット予約は電話で行われるのが通例となっているが、その電話がかかりにくくなっているという。その背後には「チケットゲッター」の暗躍があったと言われる。予約開始時間に加入電話や携帯電話を駆使して家族や友人など大人数で電話した人さえ、ほとんどがチケットを手に入れることができないこともあるという。ところがヤフーなどのネット・オークションや金券ショップには、即日同コンサートのチケットが売りに出されている。チケットゲッターが、電話予約で独占的に入手したチケットを転売したのだ。

チケット販売は、以前は入手希望者がプレイガイドの窓口に直接足を運び、空いている席から選んで予約する方式が取られていた。けれどもそれだと時間に余裕のある者に有利になったり、わざわざ出かけることにコストがかかったりで、不公平感が広がった。そこで一斉の電話予約が最も公正とみなされ、制度の切り替えが行われた。そこで現れたチケットゲッターの手口は、予約電話の回線システムを解読し、また裏電話番号も調べ、それに合わせてパソコンを設定、複数の電話によって高速にリダイアルするというものである。もっとこんだ手口だと、やはりパソコンで予約受付の裏電話番号を調べ上げたりする。これではいくら人手を動員しようと、手動ではとても勝ち目がない。

このような、パソコンの計算速度の加速を利用するチケットゲッターの存在は、はるかに大きな別の事態を示唆している。国際金融市場でヘッジファンドなどがやっているという「裁定取引」は、同じ証券のAとBに価格差が生じたとき、エンジニアがコンピュータを駆使して複雑な計算式を解き、その差をいち早く検出して割安な方を買い割高な方を売るという商売である。グローバル経済において跋扈《ばっこ》したファンド・マネージャーとチケットゲッターでは、規模こそいかにも違うが、情報武装した転売業者という意味では同類であり、要は計算速度を活用して「ひとり勝ち」を狙う商売なのである。これが今日の金融市場の性格でもある。

個別性メディアがメガヒットを生み出す

第三に、IT化が商品の専門化を引き起こしたということである。インターネットの掲示板は、それまでならとても出会えなかった偏《かたよ》った趣味の人間が集まることを可能にした。フランクらによると、以前は孤立して楽しむしかなかった「ひょうたん」の愛好会がアメリカに結成されたとのことだ。掲示板で好事家《こうずか》を募ることが可能になったからであろう。つまりインターネットは、個々人が関心事のみに集中できるという性質を持っているのである。

対照的なのはマスメディアで、たとえば新聞には読みたくもない記事が多数出ている。スポーツ欄だけを見たくとも、つい政治記事が目に飛び込み、企業の倒産を報じる記事や新刊書の紹介が目に止まってしまうのである。ところがネットでは、関心に沿ってクリックひとつでサーフィンできるため、関心ない記事を読む必要がない。とすれば当然、専門的な知識がごく一般的に普及することになる。

不思議なことに、そうした傾向はマスコミにも還流しているらしい。たとえばテレビの健康番組では、「カテキン」だの「ポリフェノール」だのといった学術用語が飛び交うようになった。それは健康にかかわる限り、専門知識も厭《いと》わぬ聴衆が増えたということによる。製菓会社が二〇年にわたりいかなる工夫をしても売れなかったココアが、健康番組でポリフェノールを含むことが報じられるやいなや在庫一掃の売れ行きとなった。これは専門知識への関心の深まりによるものである。つまり、インターネット的ではないメディアにも、インターネットでしかお目にかかれないような専門情報が浸透し始めたのだ。

このことは、八〇年代までにヒットした商品と、九〇年代以降のメガヒット商品を比較すれば明らかだろう。八〇年代までのヒットは、説明を受けなくともそれが何か一通りはわかるような、その意味で大衆性のある商品において生まれていた。ところが九〇年代のメガヒット商品はそうではない。膨大に売れたというのに、なぜかそれは専門的な情報で包まれているのだ。もちろんウィンドウズが代表例である。パソコンは本来ワープロやメールだけでしか使わない人にとっては無縁の製品であるはずだが、命令文の打ち込みが面倒なMS－DOSから、クリックするだけでソフトが起動するウィンドウズにOSが進化すると、爆発的に普及した。けれどもさらにパソコンの扱いに負担を感じる人は、携帯電話でメールを使うようになり、これもメガヒットした。「ポリフェノール」という専門用語を付け加えたことで赤ワインがブームになった。

これらはいずれも、それまでなら専門的すぎて素人には手の出しようのなかったブラックボックスのごとき情報にもとづく商品である。それが一般の消費者向けに平易なものとして加工され、「買い手市場」としての要望を満たすようになったとたんに売れたのである。

これらメガヒット＝「ひとり勝ち」商品は、「専門的な商品を専門家に追随して買う」広範な消費者層によって生まれている。これには、やはりインターネットや多チャンネルテレビ、携帯電話といった個別性メディアの普及が大きく影響しているのではないか。というのもマスメディアの時代には、ひとりの人が専門的に知っている商品のジャンルは、仕事で扱うものと趣味で詳しいものなどせいぜい二～三種類であった。それらについては専門誌などで詳細がわかるし、マスコミが誤りを報じると、指摘することもできる。ところがそれ以外は、新聞や地上波テレビで宣伝されるような情報しか理解できない。皆が素人だったのだ。したがって八〇年代までは、専門性の高い商品は、専門家にしか売れなかった。

けれども九〇年代に入り個別性メディアが普及すると、専門知識とはいえ短時間でその意味を了解できるようになる。「ポリフェノール」について筆者は何も知らないが、ネットで検索すれば小一時間で相当に知ったかぶりをすることができる。つまり専門知識へのアクセスが、格段に容易になったのだ。現在メガヒットしているのは、直接には深く知らない素人の消費者が、専門家の平易な解説をもとに購買するという商品である。

ちなみに「ポリフェノール」が人口に膾炙《かいしや》するようになったのは地上波テレビの番組を介してのことであった。けれどもその番組のディレクターはネット上で科学知識を得ているという。メガヒットの頻発とインターネットの普及に間接的な依存関係があることは間違いない。インターネットに耽溺《たんでき》する人もそうでない人も、ともに素人でありながら専門的な情報を駆使しうるという情報環境におかれているわけだ。それは、専門的な商品を素人にも使用可能に仕立て直すという「買い手市場」の要請をさらに満たしやすくしたはずである。

このような消費者の変貌により、日本の消費社会は奇妙とも思える二極化に覆われるようになっているのである。

確信と信頼

相変わらず企業が求められているのは事業機会を発見することだが、それは財市場で消費者が消費においてどのようなゲームを行っているのかを読みとることを通じて行われる。そして戦後日本の消費者は、大きく言って三回、ゲームの枠を変えてきた。

「より良い品をより安く」というのは高度成長期いっぱいまでのゲームだった。その後、消費者の要望に忠実にもの作りを行い、的確に品揃えを行うという買い手市場の時代がやってきた。ここでは値段を下げるよりも、狭い空間に顧客の欲しいものを高い確率で集めることが消費者に求められた。それをもっとも効率的に実行する流通機構がコンビニエンス・ストアである。九〇年代になると、さらに第三の局面が始まる。三つの二極化のゲームである。

ただし②で挙げた「階層の二極化」は、高いものは海外ブランド品のごとくそれなりの品質が求められ、安いものもコンビニの品揃えのような付加価値は欠かすことができないということで、コストパフォーマンスが高い品は絶対価格にかかわらず売れるということだ。けれどもそれは、③でいう「ひとり勝ち」の要件でもあるから、②と③には共通点がある。

近年の「ひとり勝ち」商品には、さらに特徴がある。「専門性が高い」というもので、それを素人が使える仕様にしたためメガヒットした。ウィンドウズにせよ、「ポリフェノール」というワインの成分にせよ、消費する人は一般に、それがどのような仕組みでできているのかについて明確に説明できない。それにもかかわらず、消費者はわかったかのような気になって消費している。つまりはその商品を、「信頼」しているのである。牧畜産業の進化とともに発生したＢＳＥ（牛《うし》海綿状脳症：狂牛病）にしても、消費者にとっては食肉の安全性を直接に検査し確信することができないという意味では、新しいリスクである。消費者はリスクの高さにかんして、メーカーを信頼するか、もしくは評価機関の専門家の判断を信頼するしかないのである。

かくして消費者は、一方で将来の収入がどうなるのか確信が持てないためにお金を手放せないでいる。こうした将来不安も、新たなリスクに数え上げられよう。他方では、「ひとり勝ち」商品に共通する点として、専門的でしかもリスクを有することがある。信頼がない商品に貴重なお金を投じることはできないのだ。「確信」と「信頼」。それが現在の消費者を動かすキーワードである。

官僚・専門家の無責任体質

「信頼」は、官僚にも求められている。従来、専門家として国民の信頼を得てきたのは官僚であった。ところがその官僚が信頼を裏切る事件が相次いだ。

二〇〇二年に日本ハムの子会社が輸入肉を国産肉と偽装し、国の国産牛肉買い上げ制度で買い取らせて仮払金をだまし取ったとされる事件は、創業者の大社《おおこそ》会長が引退するという展開となった。事件発覚後、買い取り申請していた肉を取り下げて検査前に焼却した行為が明るみに出され、また会長をいったん「名誉会長」にすると発表したものの、マスコミや消費者からの批判が厳しかったため「引退」に修正するなど、日本ハムには反省の色が見えないという印象が持たれた。

この事件が一般消費者から見て不思議に思われるのは、先に同じやり口で税金の詐取《さしゅ》を謀《はか》った雪印食品が解散に追い込まれたケースを目の当たりにしていながら、買い上げ申請牛肉を焼却するなど隠蔽疑惑が持たれるに決まっていることを行ったり、経営陣に甘い処分を下したりしたことである。

雪印食品は偽装が行われたと知った時点で社内に調査委員会を設置しており、また役員の全員が退任している。比較すれば日ハムは、いかにも印象が悪い。消費者は、同社が信頼を裏切っておきながら、なお消費者よりも社内事情を優先したと感じている。

これは、業界最大手の企業でさえ、企業組織にとって存続のための第一条件が消費者対応に変わってきているのを認識していないことを示している。「事件発覚後の業績落ち込みは五割以上で、想像を越えている」と社長が絶句したのも、裏を返せばさほどの消費者離れは予想していなかったことを意味している。

前述のように、昨今の消費者は、商品に対する「信頼性」に敏感なのだ。たとえばワインを飲むのに健康に良い「ポリフェノール」が入っていることを理由にするほど専門知識に精通しており、情報に敏感であって、専門家の判断に依存している。その判断にも温度差があるから、直感的に信用できそうな専門家の判断を信頼するのである。当然、メディアの報道も信頼感を左右する。「信頼」には、客観情報に鋭敏でありつつ直感に依存してもいるというように、曖昧な性格がある。

商品ブランドの価値が現在の企業にとってこのうえなく重要なのは、意図して作ることの困難なこの「信頼性」を表すものだからだ。実際、同業他社の悲願は、日ハムの主力商品である「シャウエッセン」ほどブランド力ある商品を開発することだと聞く。業界垂涎《すいぜん》の的であるブランドを有しながら、やすやすとそれを汚したのである。不可解というのを通り越して、あきれるしかない。

もとをただせばこれは一企業の体質に止まる問題ではない。改ざんの可能な証明書を発行し、チェックシステムもないずさんな買い上げ事業を発案・運営したのは族議員と農水省である。さらに遡《さかのぼ》れば、そもそもBSEが欧州で問題になっているのを知りながら国内流入を看過したのも農水省であり、これほどの失策が明らかながら責任を取った形跡もない。日ハムはまがいなりにも会長の引責を決断している。問題は、官僚や専門家の方だろう。

話の構造として似ているのが、不良債権問題と銀行の責任をめぐる議論である。最近では、民間の銀行には不良債権を累積させたことに対する責任があると言われている。この考え方は、官僚には責任がないということ、つまり経済は市場によってのみ運営されているということを前提している。銀行はもともとは大蔵省の監督の下、いわゆる「護送船団方式」で保護されていたのであり、それが解体されたのはせいぜい山一証券が廃業となった九七年頃であった。とすれば不良債権のかなりの部分には国も責任があるはずだ。ところが二〇〇一年後半に銀行の経営責任を追求するなかで出てきたのは、「国有化」論であった。だが、もとはと言えば事の発端を切り開いておきながら、責任をとった形跡もないのは官僚の方ではないか。

ここでは、国家をめぐって奇妙な混乱が生じているように思われる。戦後ながらく日本の経済や社会は、良くも悪くも官僚に主導されてきた。ここで言う「主導」とは、社会や経済のルールが守られるよう審判するだけではなく、裁量的に介入し細かく指導してきた、という意味である。そうした官僚による「主導」には一九九〇年代から厳しい批判の目が向けられるようになり、また公共投資などマクロ経済政策に顕著な景気浮揚効果がなかったことから、官僚はせいぜいルールの審判でよく、民間活力によって社会の再生を図るべきだとみなされるようになった。それは本書で述べてきた通りである。

けれども社会システムのこうした転換があまりにも急激であったため、国家の位置付けが曖昧になったきらいがある。官僚がルールの審判だけをするのなら、国有化された銀行を運営すべきではなかろう。雪印食品や日ハムの社会的責任は、株価が下がるといったかたちで民間に取らせればよいはずだ。このように、民間主導になったにもかかわらずいまだ官僚に仕事を与えようとしているのは、国家が不要なのではなく、適切に存在することこそが求められているからではないだろうか。

終章　経済社会のゆくえ

カリスマ消費者による新たな生産形態

現在、消費不況と「ひとり勝ち」が、互いに補強し合うようにして定着しつつあることを三章末で述べた。

ところがふたたび消費不況の結果としての「ひとり勝ち」に目を向けると、現実の世界では、こうした支配的な状況から離脱する動きがあるように思われる。というのもとりわけ九〇年代から、勤労者家計では消費の内訳として、財の需要が減退していくのとは対照的に、サービスの需要が大きな伸びを見せているからだ。総務省の調査では、一九九五年を一〇〇とすると、二〇〇二年には財への需要が九六に比しサービスが一一〇と、財からサービスへのシフトが顕著であった。これを受けて構造改革論でも、サービス産業が高収益産業として注目されている。けれどもサービス需要といっても、たんにインターネットや携帯電話への需要が増えたというのには止まらない変化の胎動が現れつつある。

一例として、いわゆる職人芸ではないものの、別の次元で特異な固有性を誇る個人が一種の「カリスマ」と呼ばれて（語感は少々安っぽいが）、商品に付加価値を与えつつ、売り上げを競うという現象に注目したい。その近年の顕著な例は、コンランン卿の主宰するザ・コンランショップ（「ザ・コンランショップ東京店」）であろう。

ここで、「セレクト・ショップ」の代表と目されるザ・コンランショップについて紹介しておこう。ここでは、イギリスのインテリア・デザイナー、テレンス・コンラン卿（一九三一年生）が、世界三〇ヵ国より様々なネットワークを駆使して集めたインテリア用品群から、デザインと実用性に注目しつつ自ら選んだ商品を展示・販売している。店鋪は、ロンドン・パリ・ハンブルク・東京・福岡にある。

東京・西新宿の店舗では、ロンドンで決められたリストから商品を取りそろえているが、新商品はすべて取り寄せられ、基本的には本店の方針を忠実に再現している。オリジナル商品は、最も多い家具でも三〇％～四〇％にすぎないが、「カジュアルだがお洒落」「シンプルで高品質」「ナチュラルで楽しい色使い」など、モダンでナチュラルだが調和に気遣うコンラン卿自身のスタイル（コンランズ・アイ）で選ばれているだけあって、店内はどことない統一感と品の良い開放感に溢れている。

このように述べると、顧客はコンラン卿の選択なら無条件に受け入れると思われるかもしれないが、むしろインテリアのコーディネートを店側に「おまかせ」で購入する人はほとんどおらず、「自分の時間、生活を大事にしたい」というスタイルが明確にあり、それにかなう商品を見つけやすいという理由で来店しているという。これまで好きで集めた椅子やその他の家具に合うようなコーディネートの相談を積極的にもちかけてくるというのである。こうした事態は、販売側を購入側が同じ消費センスを持つものと考えて共感するところから生じている。つまり、ザ・コンランショップにおいては、顧客は主宰者であるコンラン卿をいわば消費のカリスマと認めつつ、彼の消費行動を参考にしているのである。

これは、ザ・コンランショップという、特定の商店でのみ表れた現象ではないように思われる。というのも、今日、カリスマ的な人気を誇るカフェの店主は、あちこちで集めた自分の趣味のインテリアを店内に配置し、自分の好きな食事を供しているが、インテリア職人でも料理職人でもDJでもなく、職人的な意味での専門職という雰囲気を作り出してはいないからだ。こうした人々はいわば消費者代表としての生産者なのである。すなわち、みずからも消費者として楽しんでいる椅子や食器を並べ、同じく消費者として愛好する食事を供するのがそうした店だからだ。これは、自分の消費者としての趣味を相関させつつ生産するという、生産の新たな形態ではないだろうか。

「個」対「個」の消費関係の登場

こうした商売の傾向が生じたのも、「ひとり勝ち」が蔓延するなかで、それに抗するような消費をしたいと我々が願っていることの反映ではないか。といってそれは、高度成長期に大量生産・大量消費が定着したためすたれていった、旧来の職人芸に帰るというのでもない。職人芸というのが特定分野の専門家でしかないのだとすれば、ここでいう「カリスマ」消費者は、多くの分野で消費者として共感した商品を組み合わせる（「コンピレート」する）ことで、別次元の商品・サービスを生み出す作業を行っている。それが技術的背景としても圧倒的であり、得られる所得も莫大である「ひとり勝ち」財消費の退屈さに抵抗する道を用意していると思われるのである。

同様のことが、ソムリエや介護ビジネス、NPO職員などを職業として選び、充実した日々を送る若者たちが増えているという現象からもうかがえる。フリーマーケットも完全に定着した。利用者と一対一で対面し共感を育む仕事に従来の職業とは異なる人間関係を見出し、喜びを感じているということらしい。

こうした傾向は、公的な統計数値にはまだ現れてはいないようだ。とはいえ近年の「カリスマ美容師」や「料理の鉄人」ブームによって、それまではあまり表に出ることがなかった職人が脚光を浴びたし、高校新卒者の専門学校への進学率は、一九九〇年代以降、一四・二％から一七・二％に伸びている。技術職への関心が高まるなかで、若者の職業観において対人サービス業がプラス・イメージでとらえられるようになったと理解する雇用問題の専門家は多い。

街に出て、とくに飲食の現場を歩くと、スターバックス・コーヒーのようなチェーン店がどこにも進出する一方で、賃貸料が下がったせいか若者が独立系のカフェを無数に開き、それぞれに人気を呼んでいるという現象にもつきあたる。そして八〇年代の「カフェ・バー」の店員が気取っていて親しめなかったのとは対照的に、今ふうの格好をした若者たちは、年輩者にも気さくに声をかけてくれるという印象がある。見知らぬ他人に友好的であり、距離の取り方が巧みになったと感じられるのだ。「ひとり勝ち」による全般的な均質化の陰では、微細な差異化もまた進行しているのである。

これは、大量生産可能な商品についての「売れる（ひとり勝ち）─売れない」といった枠からは離れて、少量生産の範囲内で特定個人のサービスがヒットしているという現象であろう。均質的な大量生産品に対抗するものとして、人気ある店主の生み出す個性的なサービスがもてはやされているわけだ。多数に解消されないような少数性を生み出す人々が、「カリスマ」と形容されているのだ。ビル・ゲイツや新古典派系ノーベル賞経済学者といった「ひとり勝ち」する人を「スター」と呼ぶならば、それとは別に「カリスマ」が世の中のあちらこちらで散見されるようになったのである。

ただしここで言う「少数性」は、文字通りの少数性であることを強調しておきたい。稀有《けう》な能力を持つ特定の個人が大量に生産される商品を生み出す、といった才能とは区別すべきだろう。ビル・ゲイツは（少なくとも経営者としては）稀有な才能を有しているが、彼の生み出す商品は無数に複製が可能であるのに対して、カフェ店主や美容師のサービスはごく限られた人にしか提供できないからである。

対人サービスの時代が始まった

こうした現象は、どこから出てきているのだろうか。それは消費者の行動で言えば、二〇九ページで紹介した①の「パッチワーク的な消費」とかかわりがあるように思える。多くの分野にかんして、少なくとも人々は専門家に追随することができるようになった。そのことは一方でメガヒット商品を生み出してはいるが、他方では微細な部分についての専門的な知識をパッチワーク的に組み合わせるという消費形態をも広げつつあるからだ。

コミックスの例を挙げれば、ネット上でキャラクターの部位をばらばらにして組み合わせ直すことで新たなキャラクターを生み出すという、以前ならばプロの漫画家が行っていたことを、現在ではネットとパソコンを用いて誰もが簡単に行えるようになっている。東浩紀はそれを「データベース型消費」と呼んでいるが(注1)、これもまた「パッチワーク型消費」と同系の行動だ。消費者は、少なくとも知識においては、商品を開発してそれを職業的に使う専門家に肉薄しているのである。マンガ同人誌の交換会が異常発達したいわゆる「コミケ」現象の背後には、こうした傾向があると思われる。こうした流れから、若者に対面サービスが求められる理由を読みとれるのではないか。

若者に人気のある「セレクト・ショップ」は、選択することとそのものの趣味性を売り物にしているのだから、対面サービスの傾向を純粋化したものであろう。自分の趣味を客に提示し、対面して認めてもらおうというのである。ソムリエにしても、たんに接客業務をはたすだけでなく、ワインをセレクトする趣味を見せ、顧客から共感を得ることに喜びを持つ職である。もちろんそれは商売ではある。ただ、そうした対人サービス業についている人々が、面白いほど一様に口走るキーワードがある。商売そのものよりも、客に「共感」されたい、と言うのである。筆者はこの「共感」という言葉を、ザ・コンランショップの関係者からも聞いたし、高円寺のアメリカ古着の店主からも聞いた。

対人サービスへの関心が深まったのは、若者の行動様式が未知のものに変質したからだと思われるかもしれない。たとえば香山リカは、いまどきの若者の特徴を「法則」として挙げている（注2）。「確かな自分をつかみたい」「どこかで誰かとつながりたい」「まず見かけや形で示してほしい」「関係ないことまでかまっちゃいられない」「似たものどうしでなごみたい」「いつかはリスペクトしたい、されたい」、の五点である。そしてサービス業は他人とつながったり、ときになごんだり、褒められたり自分を確認したりといったことにかかわっているのだから、確かにこれで説明がつく。

復活した情念論

けれどもこれらの心情が、最近になって突然芽生《めば》えたものではなく、むしろ普遍的なものである点には注意しておきたい。思想史家A・O・ラヴジョイ（Lovejoy, Arthur Oncken）の指摘によると、一七～一八世紀という近代の入口で知識人たちは、人間は合理的であれば秩序ある社会を作って当たり前だが、情念が理性を惑わせるとき、いかにして社会秩序は保たれるのかという情念論を主要なテーマとしていたという（注3）。『ガリバー旅行記』のスウィフト、『己《おの》れ自身を知る術』のアバディ、『人間論』のポープ、その他マンデヴィルやパスカル、カント、ルソー、ヴォルテールやバークまで多士済々のメンバーがこぞってこの情念論に取り組んだのである。アダム・スミスの

『道徳感情論』は、いわばそれらの集大成であった。

ラヴジョイの整理によると、しばしば邪悪ですらある人間が秩序ある社会を作りうるのは、二つの理屈による。ひとつには、「民主制」という制度である。それは人間に外から枠をはめ、矛盾し対立する個々人の利益をたくみに組み合わせて全体としての社会に「平衡」をもたらす。三権分立やチェック・アンド・バランスは、平衡のための装置なのである。

しかしより重要なのは二つめで、そうした制度の枠組みなしに人々が社会秩序を自生的に築く場合である。ラヴジョイは情念論の思想史に分け入って、仲間によって認められたい「承認願望」、自分自身の評価を求める「自己称賛」、他人に優越し、しかも他人からそれを認められたいという「競争心」の三つの心理を抽出《ちゅうしゅつ》し、それらの絡み合いが社会秩序を可能にしたわけを説明している。中世の身分制が揺らぎ始めた社会においては、そこで芽生えた個人の心情の処理が問題になったのである。これらの三つの情念は、まさに現代の若者たちの心理そのものではないか。

近代初頭においては対面的なコミュニケーションが中心であったため、これらは対人関係において満たされた。ところが産業革命を経て市場社会が拡大し、さらに大量生産・大量消費のための大企業組織が定着しマスメディアの時代となると、こうした情緒は企業組織やマスメディアにおいて処理されてゆく。日本の消費経済がその後にたどった道のりについては、本書でここまでにふれた通りである。現在、対人サービスに関心が持たれているというのは、そうした近代化がもたらした遠回りを経て、再び個人間の情念問題が復活しつつあるからではないか。

異質なルールへの共感が必要だ

「共感」という言葉を発するのが、一部の若者だけではないことにも注意しておきたい。

第三章でもふれたが、九〇年代以降、企業の不祥事が頻繁にマスコミを賑《にぎ》わし、経済倫理のあり方が問われてきた。そうした現状に対して、二〇〇一年に日本経団連の初代会長に就任したトヨタ自動車の奥田碩会長は、所信講演で日本社会に広く道徳の復興を求めた。近年のエコノミストの論調に危機意識を表明するもので、経済の現場を預かる企業団体トップがこうした所信を抱いていることは興味深い。

奥田はまず、今後の経済社会において、「さまざまなかたちで個の確立、自立を促す社会を築いてい」かねばならないと言う。これじたいは、戦後日本においてほとんど不可侵の理想とされてきたことがらであろう。だが奥田はそれに続けて、「その土台として、他者が自分と異なるものを求め、生きていることを理解し、尊重する心、そうした『共感と信頼』が国民の間に形成されていなければなりません」と述べたのである。「共感と信頼」は人を人とつなぐ社会関係だが、それを国民として共有しよう、いわば道徳としようと提言したのである。

市場活力は、個の独創性によってもたらされる。一方、経済活動の公正さは倫理によって測られる。では市場と倫理の関係はというと、従来おおよそ二つの見方がとられてきた。第一は、人々が欲望のおもむくままに振る舞えば社会秩序が乱れるので、まず社会に秩序をもたらすような道徳を優先すべきだという考え方である。戦後日本では、企業内で共有される倫理規範がそうした道徳であった。

　だがこれに対しては、昨今では、エコノミストから次のような主張が相次いだ。道徳のしばりの下で人の個性・独創性は社会や集団に埋没してしまうから、「個の確立、自立」という理想に反している。個の独創性が発揮されなければ経済は活性化しないから、不況からの回復もままならない。そのうえ官僚や身内企業、勤務先といった内輪《うちわ》社会を優先する道徳は、不祥事を起こしたり経営を不振に陥らせた経営者に、社会や消費者、株主に対する責任をとらせず居座りを許している、という批判である。

　そこで、第二の見方が出てくる。経済社会の根底には、まず市場競争を置くべきである。営利が優先されても、無秩序ではなくフェアな行動が導かれるはずだ。というのも経営者が利潤を追求するのは株主への貢献であるし、良い商品をより安く提供するのは消費者重視である。反社会的な経営も消費者にそっぽを向かれるからみずからに規律を課すだろう。そうした意味でのモラルが自然発生するのであるから、まず聞くべきは内輪の人間関係を調整する道徳ではなく、市場の声だ、と。

　これは一九八〇年代以降、「小さな政府」と市場の自由化に活路を見出してきた英米の経済界から他国に向けて発信された、「グローバル・スタンダード」と呼ばれる考え方である。構造改革論も、ことあるごとにそれを引用してきた。それによって、フェアな競争のなかで個々人が個性や独創性に磨きをかけるはずであった。ところがこのところ、そうした予告が裏切られるケースが目立っている。

それが、日本では九七年の総会屋への利益供与事件、アメリカでは、二〇〇二年に入ってから立て続けに暴露されたエンロンやワールドコムなど米企業の不正会計事件である。それらは独創的な企業の象徴と言われてきた。だがその陰では、株価の下落とともに競うようにしてアンフェアな会計報告に手を染めていたのである。他国に対しては内輪の道徳を否定し公正なルールの共有を強要しながら、提唱国のアメリカでルール違反が行われていたわけだ。株価下落とともに不正が起きるのならば、市場競争だけでは不正が不可避になるだろう。

さらに、市場の自由化により、世界中のどの地域にも類似の商品や景観が侵出するようになったことがある。コカコーラやコンビニエンス・ストアは世界の街角に蔓延している。繰り返すが、日本でも一九八〇年代のバブル期には余剰資金が地方に溢れ、リゾート・マンションの乱立を招いて、各地で景観が破壊され、どこも同じような風景になっていった。市場競争は、世界に差異よりも均質性をもたらしたのだ。

市場競争の重視は、公正と差異ではなく、不公正と均質を招きかねないのである。それは戦後日本の企業社会における道徳重視がもたらした不公正および均質化を抜本的に改革するとは単純には言えない。奥田の所信講演は、市場がもたらす不公正と均質化に歯止めをかけるのに、企業道徳の廃棄ではなく改革が必要だとの判断が、経済の現場に存在することを示している。

「共感と信頼」は、内輪の似た者に対して向けるのでは、自分を信じるということでしかない。「他者が自分と異なるものを求め、生きていること」へ向けるとき、共感や信頼が本来の意義を持つ。そして各人の相違は、社会背景から生まれるだろう。したがってそれは、景観も含む地域の伝統や各国に異質なルール、生産と消費の多様な慣行に対する共感や信頼でもある。

自然治癒力への期待

最後に、全体を振り返ってみよう。制度のビッグバン的な解体と導入によって、日本経済は長期不況に喘《あえ》いでいる。その端緒は、バブル崩壊とともに生じた土地神話という一個の制度の終焉に求めることができるだろう。地価は下がり続け、しかもそこに一九九三年からＢＩＳ規制が導入されたため、地価と株価の下落ゆえに自己資本が縮小した主要銀行は、九七年には貸し渋りに走り、企業倒産とリストラが定着した。さらに金融危機によって主要金融機関も退出させられ、ここに日本的経営と護送船団方式という制度が解体されることになる。その結果として狭義の消費不況現象が見られるようになったことは、ここでは繰り返さない。

我々は現在、信頼してきた制度の流動化により将来不安を覚え、もっとも頼りになる存在として貨幣をため込んでいる。消費の対象としては財とサービスがあるが、財にかんしては、とりわけ「ひとり勝ち」した商品は、「信頼」にもとづいて売れている。他方、サービスにかんしては個対個のそれへの需要が広がりを見せつつある。こちらは「共感」にもとづいている。労働・土地・資本にかかわる制度を再び確立すること、「信頼」や「共感」を回復することが、長期不況脱出の鍵を握るだろう。

けれどもそれは、構造改革論が想定するように、市場任せにしたり、人工的に押しつけることでは実現しない。金融危機のようにごく短期に深まる危機に際しては、当局が一刻を争って適切に対処すべきだが、制度が今後どう改革されるのかについては、官僚や狭い知見しか持たないエコノミストが拙速に介入すべきものではない。

現在の消費不況の原因となる貯蓄志向は、ローンを抱えた中高年や、ペイオフと資産デフレで手持ち資産の目減りにおびえる引退家計に顕著である。漸進的に制度改革を進めるためには資産価値の安定が必要で、当面は賃金引き下げによる雇用確保やペイオフ解除の凍結が求められよう。もっとも、将来不安や貯蓄志向は、九〇年代前後に成年に達し、職についてからは不況しか経験していない三〇歳未満の世代には、希薄である。活発に開業しているのもそうした世代だ。彼らが社会の中核となる頃には、自然に消費性向は上がってくるだろう。社会が自然治癒力をはたらかせるのを、信頼しつつ見守るべきではないだろうか。

注・参考文献

第一章

(1) 植草一秀『現代日本経済政策論』(岩波書店、二〇〇一年)は、バブル以降の経済政策が実施された時点と株式市況および景気指標を図で連関させ、財政赤字にもとづく公共投資が十分に有効だったと主張している。ではなぜ景気が決定的には回復しなかったかというと、少し上向くとすぐさま財政再建のための緊縮財政が講じられるという「ストップ・アンド・ゴー」政策ゆえだったとしている。アクセルと同時にブレーキを踏むようなちぐはぐな政策のせいで景気悪化—株価下落—金融不安が繰り返されたというのである。これはデータからしても明快な説明だが、ただし景気対策が株価の回復をもたらしたことは事実だとしても、それが景気回復にまでつながったかについては不明である。

(2) 佐藤隆文『わが国における金融破綻処理制度の変遷』財務総合研究所、二〇〇〇年

(3) 多くの人は、九四年から現在までこの傾向が定着したと見ている。伊藤隆敏の『インフレ・ターゲティング——物価安定数値目標政策』(日本経済新聞社、二〇〇一年)、深尾光洋の『日本破壊——デフレと財政インフレを断て』(講談社現代新書、二〇〇一年)など。

(4) 政府の構造改革論では不良債権処理という中核的命題とそこから生じる痛みを和らげるためのデフレ対策とが両立するとされているが、対立するという議論にも根強いものがある。デフレ下では労働・土地・資本という資源を成長産業に移動させることが困難という見方については、竹森俊平『経済論戦は甦る』

（東洋経済新報社、二〇〇二年）、岩田規久男編『まずデフレを止めよ』（日本経済新聞社、二〇〇三年）など。

（5）金子勝「日本経済再生への処方箋」（『エコノミスト』二〇〇二年一二月二四日号）は、竹中プランもまた銀行経営者との話し合いのなかから生まれたもので、癒着を断ち切れないと見る。多額の公的資金の強制注入と同時に経営者の不正会計を徹底追及すべきだとしている。

（6）平成一四年度版の内閣府『年次経済財政報告――改革なくして成長なしII』（経済財政政策担当大臣報告）

（7）同、「おわりに」

（8）同平成一三年度版、第二章、六六ページ

（9）同平成一四年度版、一一一ページ、郵政省郵政研究所『我が国の潜在成長率等に関する調査研究』二〇〇〇年、参照

（10）平成一四年度版『報告』、一〇ページ

（11）経済財政諮問会議「今後の経済財政運営及び経済社会の構造改革に関する基本方針」（二〇〇一年六月二一日）、七ページ

（12）もちろんもうひとつの解釈として、いまだ多くの企業が銀行でしか資金を借りることができず、しかも総供給に比して総需要が不足するなかでは、一定の比率で売れ残りが出て、それが経営不振を招く以上、投資には過剰にリスクがかかるという見方もありうる。構造改革論では需要不足という考え方そのものを否定しているから、この見方は検討することもしない。これについては後述。

（13）平成一四年度版『報告』、第二章、一〇七ページ

(14) とはいえルールに沿ったとしても、誰かが最終的な判断を行うのだから恣意性は残り、事前の裁量との明確な違いがどこにあるのかは不明である。
(15) J・スティグリッツ『マクロ経済学』藪下史郎他訳、東洋経済新報社、一九九五年
(16) 朝日新聞、二〇〇二年一一月二六日付、松葉一清の指摘
(17) 二〇〇一年度末、内閣府。以下、データは平成一四年版『報告』第三章第二節
(18) 平成一四年度版『報告』、第三章
(19) 木村剛『投資戦略の発想法——ゆっくり確実に金持ちになろう』(講談社、二〇〇一年)は、日本の代表的な国内株式型投信の大半は平均株価の収益を下回っているという統計を挙げている。平均株価とは、サルにダーツを投げさせランダムに選んだ銘柄の成果に相当する。株式型投信を買うよりも、サルにダーツを投げさせた方が株式取引では儲かるというのである。けれども株式型投信では売買価格にファンド・マネージャーの所得や売買・委託の手数料が含まれているのだから、それも当然ではある。また、プロのアナリストのレポートを熟読したところで、市場は完全であればすでにそうした情報を織り込みずみであるはずだ。市場の性質からしてマネー情報は投資には無意味なのである。とすれば家計を直接金融に向かわせるには、少人数の私募債発行の円滑化など、金融市場や金融商品に大幅な改革が必要になる。
(20) 平成一四年度版『報告』第三章第三節、二四〇ページ
(21) ただし「基本方針」では、こうした具体的な項目名や数値は挙げられなくなっている。

第二章

(1) J・A・シュムペーター『経済発展の理論——企業者利潤・資本・信用・利子および景気の回転に関

する——研究』塩野谷祐一・中山伊知郎・東畑精一訳、岩波文庫、一九七七年。シュムペーターは不況を、老朽化したもの、いらなくなったもの、非効率的なものが清算される過程ととらえた。一方で新たな産業は、企業の「創造的破壊」によって形成されるという。

（2）『報告』に見られるように、政府の構造改革論では不良債権処理論とデフレ対策論とは両立するものとされており、第一章ではそのように紹介した。けれども両者は対立するという見方もあり、竹森前掲書では、それぞれがシュムペーターの「清算主義」とI・フィッシャーの「デット・デフレーションの理論」と呼ばれて対立点が示されている。

（3）橘木俊詔は、『戦後日本経済を検証する』（東京大学出版会、二〇〇三年）の「第七章　家計」で、戦後日本において貯蓄率が高かった理由について高度成長期まで九件、それ以降については三件の理由付けを紹介し、そこから「遺産動機を伴ったライフ・サイクル仮説と、不確実性に備えた予備的動機」、それに日本人のメンタリティとしての危険回避度の高さを検証に耐える説明としている。なお橘木は、『安心の経済学——ライフサイクルのリスクにどう対処するか』（岩波書店、二〇〇二年）で、民間消費が低迷している理由としてラチェット効果が薄れたことを挙げ、雇用な年金、介護の不確実性が高まり、人々が将来不安を強めたからだとしている。これは基本線として本書と同じ見解である。

（4）土居丈朗「貯蓄率関数に基づく予備的貯蓄仮説の検証」、内閣府経済社会総合研究所 Discussion Paper No. 1、二〇〇一年三月

（5）M・フリードマン『消費の経済理論』宮川公男・今井賢一訳、巌松堂、一九六一年（"Theory of the consumption function." 1956）

（6）セーフティ・ネットにかんしては、市場そのものととらえる立場と、逆に市場に対して社会が防衛す

るための制度を挙げる立場とがある。宮本光晴「セーフティネットの罠」、佐伯啓思・松原隆一郎編『〈新しい市場社会〉の構想』新世社、二〇〇二年、参照。

(7) 武藤博道『消費不況の経済学――買い渋りはなぜ起きたか』日本経済新聞社、一九九九年

(8) 吉川洋、島田晴雄『痛みの先に何があるのか――需要創出型の構造改革』東洋経済新報社、二〇〇二年

(9) 小野善康『景気と経済政策』岩波書店、一九九八年

(10) 主要行に対する政府の特別検査は、株価や外部格付けなどに著しい変化が生じている大口債務者につき適正な債務者区分や償却・引当の確保を行い、それを通じて金融システムの強化を図ろうとするものであった。実施の結果、多くの債務者が破綻懸念先として区分された。

(11) 木村剛『竹中プランのすべて――金融再生プログラムの真実』アスキー・コミュニケーションズ、二〇〇三年

(12) 木村前掲書、四一ページ

(13) 翁邦雄・白塚重典・藤木裕「ゼロ金利政策：現状と将来展望――中央銀行エコノミストの視点」、深尾光洋・吉川洋編『ゼロ金利と日本経済』日本経済新聞社、二〇〇〇年、など。

(14) 深尾光洋前掲書、参照。

(15) M・フリードマン『実証的経済学の方法と展開』佐藤隆三・長谷川啓之訳、富士書房、一九七七年

(16) ビッグバン主義と漸進主義の対比については、大野健一『市場移行戦略』(有斐閣、一九九六年)、鐘非「ビッグバンか漸進主義か――移行パターンの政治経済学」(CIRJE-J-39、東京大学経済学部ディスカッションペーパー、二〇〇一年)

(17) H・サイモン『システムの科学』稲葉元吉・吉原英樹訳、パーソナルメディア、一九八七年（Simon "The sciences of the artificial-3rd ed." MIT Press. 1996)
(18) G・M・ホジソン『現代制度派経済学宣言』八木紀一郎他訳、名古屋大学出版会、一九九七年、一三六ページ
(19) O・ウィリアムソンの組織論などは新制度学派と通称されているが、これは制度を取引コスト削減のため契約によって合理的に形成されるとみなす点で新古典派に属するものであり、ヴェブレンに始まる（これも通称の）旧制度学派とは区別すべきである。
(20) 付け加えて言うと、構造改革が必要な理由として中国脅威説が挙げられていたが、これにも反論がありうる。というのも中国からの輸入が急増しているのは、通貨としての元の相場が安すぎるせいだとも理解できるからだ。外交問題かもしれないが、元高が実現するならば、輸入は停滞するだろう。
(21) 最近の文献では、伊東光晴「日本経済　灰色の十年へ」、『世界』二〇〇一年一〇月号
(22) J・M・ケインズ『雇用・利子および貨幣の一般理論』塩野谷祐一訳、東洋経済新報社、一九八三年
(23) 大守隆「バブル生成以降の経済政策と実体経済」、深尾・吉川前掲書
(24) たとえば石原秀彦「ライフサイクル／恒常所得仮説と予備的貯蓄：理論的含意と実証上の問題点」ESRI Discussion Paper Series No. 2、二〇〇一年
(25) 大守前掲書
(26) 江坂彰との対談「『NO』といえる中高年」『VOICE』一九九七年五月号
(27) 丸川知雄『市場発生のダイナミクス――移行期の中国経済　アジアを見る眼』日本貿易振興会アジア経済研究所、一九九九年

第三章

（1）岩田規久男『スッキリ！　日本経済入門——現代社会を読み解く15の法則』日本経済新聞社、二〇〇三年。ここには「経済法則」が一五にまとめられている。
（2）K・ポラニー『大転換——市場社会の形成と崩壊』吉沢英成他訳、東洋経済新報社、一九七五年（Polanyi "The great transformation", 1957）、第六章
（3）R・セネット『それでも新資本主義についていくか——アメリカ型経営と個人の衝突』斎藤秀正訳、ダイヤモンド社、一九九九年
（4）J・ソロス『グローバル資本主義の危機——「開かれた社会」を求めて』大原進訳、日本経済新聞社、一九九九年
（5）吉富勝「グローバル金融危機にどう備えるか」、『東洋経済』一九九九年一月号
（6）「金融テロと断固闘おう」、『This is 読売』一九九八年一二月号
（7）A・カー『犬と鬼——知られざる日本の肖像』講談社、二〇〇二年
（8）松原隆一郎『失われた景観——戦後日本が築いたもの』PHP新書、二〇〇二年
（9）「日常景観」概念については、松原前掲書参照。
（10）E・レルフ『場所の現象学——没場所性を越えて』高野岳彦他訳、ちくま学芸文庫、一九八四年
（11）詳細については、松原前掲書第三章参照。
（12）小池和男『日本企業の人材形成——不確実性に対処するためのノウハウ』中公新書、一九九七年
（13）野中郁次郎・竹内弘高『知識創造企業』東洋経済新報社、一九九六年
（14）「虚妄と化すミドル無用論」、『月刊WEDGE』一九九七年四月号

(15) 佐藤博樹・玄田有史編『成長と人材――伸びる企業の人材戦略』勁草書房、二〇〇三年
(16) 日経ビジネス編集『売れない時代に売る――不況知らずの企業と人の秘密』日経BP出版センター、二〇〇二年
(17) 売り上げと売り場面積が強い逆相関を示すことについては、一七八ページ参照。
(18) 松岡真宏『問屋と商社が復活する日』日経BP社、二〇〇一年
(19) R・H・フランク、P・J・クック『ウィナー・テイク・オール――「ひとり勝ち」社会の到来』香西泰訳、日本経済新聞社、一九九八年(原著は一九九五年刊行)
(20) たとえば、谷崎光『中国てなもんや商社』文春文庫、一九九九年

終章

(1) 東浩紀『動物化するポストモダン――オタクから見た現代日本』講談社現代新書、二〇〇一年
(2) 香山リカ『若者の法則』岩波新書、二〇〇二年
(3) A・ラヴジョイ『人間本性考』鈴木信雄他訳、名古屋大学出版会、一九九八年

あとがき

日常の暮らしのなかで飲食したり買い物することが好きだ。飲食業者や物作りにたずさわっている知人も多い。対話のお相手をさせていただいた経済人は、相当な数に上っている。そのため経済にかかわる文章を書こうとすると、実体験や喋る過程で得た感触から離れることができずにいる。

その私の現実感覚では消費不振がこの不況を深刻化させた原因なのだが、そうした直感と経済学で言われることとの距離はあまりに大きく、すりあわせには何年も要した。机の上の教科書とパソコン画面のデータだけから編み出された議論が、今回ほど日本経済に大きなダメージを与えたことはない。日本の景観が度を超えて醜いと感じるのも私の現実感覚であるから、高層ビルの乱立を正当化するイデオロギーである構造改革論を批判するに至ったのは、当然の結果ではあった。

対面で行う新しいサービス業に期待するというのが私の結論のひとつだが、それは既存の第一次産業や製造業が不要になるということではない。非サービス業のサービス化も、今後の趨勢《すうせい》になるということだ。生産農家の顔が見える農作物の通販とか、朝獲れた魚をインターネットで宅配してもらうサービスはすでに始まっている。気の利いた料理店は、すでに築地の卸売り市場を介さない直接仕入れを増やしている。自動車にしても、販売店の担当者がどれだけ顧客に信頼され、どれだけ購入過程をイベントとして楽しませるかによって、売り上げは歴然と変わるだろう。

家族の幸子と息吹には、脱稿がどこまで延期されるか分からなかったことで迷惑をかけたが、本書はなによりＮＨＫ出版の大場旦氏のこの上なくねばり強い仕事の結晶として出来上がった。感謝の気持ちは言い表しようがない。また柴山桂太氏、山本崇広氏からは、改稿の段階で貴重な指摘を得た。さらに本書は、これまで書いた拙文にもとづいた箇所もある。それぞれを担当された編集者の方々にもお礼申し上げたい。

二〇〇三年四月

松原隆一郎

松原隆一郎――まつばら・りゅういちろう

●1956年、神戸市生まれ。東京大学大学院経済学研究科博士課程修了。専攻は、社会経済学、相関社会科学。現在、東京大学大学院総合文化研究科教授。

●著書に、『豊かさの文化経済学』(丸善ライブラリー)、『消費資本主義のゆくえ』(ちくま新書)、『経済思想』(新世社)、『〈新しい市場社会〉の構想』(共編、新世社)、『「消費不況」の謎を解く』(ダイヤモンド社)、『思考する格闘技』(廣済堂ライブラリー)、『失われた景観』(PHP新書) など。

NHKブックス [963]

長期不況論 信頼の崩壊から再生へ

2003年5月30日 第1刷発行

著 者 松原隆一郎

発行者 松尾 武

発行所 日本放送出版協会

東京都渋谷区宇田川町41-1 郵便番号 150-8081

電話 03-3780-3317 (編集) 03-3780-3339 (販売)

http://www.nhk-book.co.jp

振替 00110-1-49701

[印刷] 太平印刷社 [製本] 豊文社 [装幀] 倉田明典

落丁本・乱丁本はお取り替えいたします。

定価はカバーに表示してあります。

ISBN4-14-001963-8 C1333

NHKブックス 時代の半歩先を読む

＊経済・経営・産業

コメをどう捉えるのか　高谷好一
アジア経済をどう捉えるか　渡辺利夫
規制緩和 ―流通の改革ヴィジョン―　田島義博／流通経済研究所
国際ビジネスと交渉力　佐久間 賢編著
ウルグアイ・ラウンド　溝口道郎／松尾正洋
行きづまるアメリカ資本主義―経営の現場から―　脇山 俊
市場経済化する中国　加々美光行
環境国家への挑戦 ―循環型社会をめざして―　高杉晋吾
成熟社会への選択 ―新しい政治経済学を求めて―　正村公宏
ヨーロッパ経済紀行　新田俊三
マルチメディア時代の情報戦略　久保悌二郎
日本近代建築の歴史　村松貞次郎
外される日本 ―アジア経済の構想―　市川 周
環日本海経済圏 ―その構想と現実―　金田一郎
少子化時代の日本経済　大淵 寛
複雑系としての経済 ―豊かなモノ離れ社会へ―　西山賢一
日本の金融ビッグバン　相沢幸悦
テクノシステム転換の戦略 ―産官学連携への道筋―　村山裕三
メガバンク誕生 ―金融再編と日本の行方―　向 壽一
信用と信頼の経済学 ―金融システムをどう変えるか―　竹田茂夫

NHKブックス 時代の半歩先を読む

*社会

図説 家族問題の現在　湯沢雍彦
データで読む家族問題　湯沢雍彦
日常生活の社会学　山岸 健
音の風景とは何か—サウンドスケープの社会誌—　山岸美穂／山岸 健
日本人の行動パターン　ルース・ベネディクト
日本とは何なのか—国際化のただなかで—　梅原 猛編著
現代日本人の意識構造［第五版］　NHK放送文化研究所編
外国人労働者と日本　梶田孝道
日本文化は異質か　濱口惠俊編著
高度情報社会と日本のゆくえ　濱口惠俊編著
日本社会とは何か—〈複雑系〉の視点から—　濱口惠俊編著
デジタル思考とアナログ思考　吉田夏彦
「近代」の意味—制度としての学校・工場—　桜井哲夫
人間社会の形成　今西錦司
未婚化の社会学　大橋照枝
育児の国際比較—子どもと社会と親たち—　恒吉僚子／S・ブーコック
子育てと出会うとき　大日向雅美
おんなたちのスウエーデン—機会均等社会の横顔—　岡沢憲芙
スウエーデン人はいま幸せか　訓覇法子
大衆の病理—袋小路にたちすくむ戦後日本—　西部 邁
ペット化する現代人—自己家畜化論から—　小原秀雄／羽仁 進
免疫ネットワークの時代—複雑系で読む現代—　西山賢一
人生のくくり方—折目・節目の社会学—　加藤秀俊
都市のたくらみ・都市の愉しみ—文化装置を考える—　サントリー不易流行研究所編

時代の気分・世代の気分—〈私がえり〉の時代に—　サントリー不易流行研究所編
マルチメディア時代の起点—イメージからみるメディア—　久保正敏
分裂する現実—ヴァーチャル時代の思想—　赤間啓之
75歳現役社会論—老年医学をもとに—　和田秀樹
クルマ安全学のすすめ　清水和夫
燃料電池とは何か—水素エネルギーが拓く新世紀—　清水和夫／平田 賢
市民からの環境アセスメント—参加と実践のみち—　島津康男
自動車デザインの語るもの　石渡邦和
ファッションの20世紀—都市・消費・性—　柏木 博
幸福ということ—エネルギー社会工学の視点から—　新宮秀夫
表現する市民たち—地域からの映像発信—　児島和人／宮崎寿子編著
「空虚な自己」の時代　影山任佐
娘の結婚運は父親で決まる—家庭内ストックホルムシンドロームの自縛—　岩月謙司
思い残し症候群—親の夫婦問題が女性の恋愛をくるわせる—　岩月謙司
日本をどう変えるのか—ナショナル・ゴールの転換—　正村公宏
二十世紀とは何であったか　小林道憲
不安な時代、そして文明の衰退—われわれはどう生きるのか—　小林道憲
グローバル資本主義の物語—その発展と矛盾—　倉田 稔
高齢者の孤独と豊かさ　竹中星郎
図説 日本のマスメディア　藤竹 暁編
日本再生論—〈市場〉対〈政府〉を超えて—　金子 勝
「希望の島」への改革—分権型社会をつくる—　神野直彦
中国人の心理と行動　園田茂人
日本型サラリーマンは復活する　田中秀臣
男女共同参画社会をつくる　大沢真理

NHKブックス　時代の半歩先を読む

＊政治・法律

日本のODAをどうするか　渡辺利夫／草野　厚
日本外交の軌跡　細谷千博
日本の政治力学―誰が政策を決めるのか―　中野　実
政治は途方に暮れている―その理念と現実―　内山秀夫
現代民主主義の病理―戦後日本をどう見るか―　佐伯啓思
連合政治とは何か―競合的協同の比較政治学―　岡沢憲芙
日米ビジネス紛争―法律摩擦の事例から―　北川俊光
現代アメリカの自画像―行きづまる中産階級社会―　佐々木　毅
「無意識の意思」の国アメリカ―なぜ大国は甦るのか―　薬師寺泰蔵
国際化時代と日本人―異なるシステムへの対応―　栗本一男
国際化の意味―いま「国家」を超えて―　矢野　暢
アフリカ学への招待　米山俊直
リトアニア―小国はいかに生き抜いたか―　畑中幸子
国連を問う　川上洋一
中欧の復活―「ベルリンの壁」のあとに―　加藤雅彦
EUを創った男―ドロール時代十年の秘録―　チャールズ・グラント
ヨーロッパ連合への道　石川謙次郎
インド発、国連職員の日々　高橋英彦
外国人特派員―こうして日本イメージは形成される―　木村昌人／田所昌幸
イスラム世界と欧米の衝突　宮田　律
中国2020年への道　朱　建栄
行政改革をどう進めるか　白川一郎／富士通総研経済研究所編著
黙殺―ポツダム宣言の真実と日本の運命―(上)(下)　仲　晃
アフガン戦争の真実―米ソ冷戦下の小国の悲劇―　金　成浩
経済安全保障を考える―海洋国家日本の選択―　村山裕三